Andreas Korte – Antje und Helmut G. Hofmann

Orchideen, Edelsteine
und ihre heilenden Energien

Andreas Korte ·
Antje und Helmut G. Hofmann

Orchideen, Edelsteine
und ihre heilenden Energien

Lichtboten vom Amazonas

Verlag Hermann Bauer
Freiburg im Breisgau

Die Deutsche Bibliothek – CIP-Einheitsaufnahme

Korte, Andreas:
Orchideen, Edelsteine und ihre heilenden Energien –
Lichtboden vom Amazonas / Andreas Korte ; Antje und
Helmut G. Hofmann. – 1.–6. Tsd. –
Freiburg im Breisgau : Bauer, 1992
    ISBN 3-7626-0448-7
NE: Hofmann, Antje:; Hofmann, Helmut G.:

Mit 6 Zeichnungen
und 40 Farbabbildungen auf Karten
Fotos von Andreas Korte und Peter Kapfhammer

1992
ISBN 3-7626-0448-7
© 1992 by Verlag Hermann Bauer KG, Freiburg im Breisgau
Alle Rechte vorbehalten
Reproduktionen: Scanstudio Hofmann, Gundelfingen
Einband: Werbung und Design Hans-J. Schwarzer, Freiburg im Breisgau
Satz: CSF ComputerSatz GmbH, Freiburg im Breisgau
Druck und Bindung: Spiegel Buch GmbH, Ulm
Printed in Germany

Dem· Amazonas
und seinen Bewohnern

Inhalt

Vorwort

Die Eingeborenen am Amazonas haben eine hübsche Spruchweisheit über »Die Vier Brüder«. Sie lautet so:

Niemals wird Amazonien von Menschen regiert werden. Hier herrschen die vier Brüder: der Dschungel, der Fluß, der Regen und die Erde.
Stirbt einer, so sterben alle, und mit ihnen Amazonien.
Zerstörst du den Dschungel, so hört der Regen auf, die Erde wird abgetragen, und der Fluß versiegt.
Bleibt der Regen aus, so verschwindet der Dschungel, die Erde verbrennt und der Fluß versiegt.
Ist die Erde entblößt, so vergeht der Wald, der Regen fällt nicht mehr und der Fluß versiegt.
Wenn der Fluß nicht mehr fließt, so stirbt der Dschungel, es regnet nicht mehr, und die Erde wird zu Stein.

Diese Brüder sind göttlichen Ursprungs. In seinem Urzustand ist Amazonien gleichsam ein Heiligtum des Göttlichen auf diesem Planeten. Die Eingeborenen am Amazonas haben das immer gewußt; deshalb respektierten sie ihr Land sowie jeden der vier Brüder, denn die Herzen der Menschen waren voll Demut.

Heute aber haben uns Hochmut und Verwirrung in eine extreme Lage gebracht. Andererseits werden die menschlichen Gesellschaften immer planetarischer; das heißt, es gibt immer engere Berührungen zwischen ihren Mitgliedern, sei es durch direkte Kontakte, sei es indirekt durch das Wort, das Bild oder durch Handelsbeziehungen. Wir stehen an der Schwelle zu einer geeinten Welt. Was das Überleben angeht, stehen wir allerdings am Rande des Abgrunds.

Aber die Vernunft und die Musen lassen uns nicht gänzlich im Stich. Die neue Aufgabe für die Menschheit ist die Bewahrung der Natur. Dies wird wie ein friedlicher Kreuzzug sein, der unseren Geist und unsere Vorstellung von der Welt verändern wird. Er wird uns auch helfen, unsere Produktionsprozesse, unseren Handel und natürlich unser Konsumverhalten zu verändern, damit wir auf natürliche Weise gesund und glücklich werden.

Die menschliche Kultur beginnt wieder, die Essenz des Göttlichen in der Natur zu finden. Die Wiederentdeckung der Kontemplation, die Rückkehr zu Offenbarung und innerer Erfahrung des Ewigen und Unendlichen: dies ist die Befreiung der wahren menschlichen Natur. Die moderne Gesellschaft beginnt den eingeborenen Kulturen zu ähneln; andererseits hat die globale Gesellschaft viele nützliche und angenehme Dinge in alle Winkel der Welt gebracht, und so haben bei diesem Austausch alle etwas gewonnen. So manche Kultur formte sich über lange Zeiträume und weite Entfernungen hinweg nach dem Vorbild einer anderen.

Ein wunderbares Beispiel für diesen Prozeß des Wandels und des Wiederfindens, der ungezählte neue Möglichkeiten für andere menschliche Wesen eröffnet, stellt auch das Wissen um Blütenessenzen dar, das das großartige, hier vorliegende Buch dem *neuen* Leser präsentiert.

Die Blumen, jene schönsten und delikatesten Formen der Schöpfung, speziell die Orchideen, Geschöpfe des Lichts und der Höhe im tropischen Wald, mit ihrem Duft, ihren feinen

Energien, ihrem unerschöpflichen Reichtum an Farben, Formen und Gerüchen, ihren geheimen Freunden des Tages und der Nacht – sie werden beginnen, sein Leben zu erfüllen und die Seelen der Menschen überall auf der Erde zu bereichern.

Diese Blütenessenzen, liebe Leserinnen und Leser, leisten darüber hinaus einen wertvollen Beitrag zum Kreuzzug für die Erhaltung der Natur und für den Schutz der Kultur und des Lebens der Eingeborenen, denn die Bestimmung der finanziellen Mittel zur Erhaltung der schönsten Orte am Äquator in ihrem ursprünglichen Zustand ist eine Absicht und ein Prinzip, welche innig verknüpft sind mit dem Dienst des Menschen an der Natur.

Antonio Villa-Lopera
Amacayacu Nationalpark,
1. Dezember 1991

Einleitung

Auf der Sonneninsel Teneriffa wurde die Idee zu diesem Buch geboren. Hier hielt Andreas, vom Amazonas zurückgekehrt, ein Blütenseminar und besuchte Antje und Helmut, die auf der Insel leben. Im Gespräch wurde ihnen sehr schnell bewußt, wie gut sich die Energien von Orchideen und Edelsteinen kombinieren lassen. Das Amazonasgebiet, in dem diese Steine und Blüten beheimatet sind, hat eine ganz besondere Lage. Man kann den Amazonas als das Zentrum der Erde bezeichnen. Die Wälder des Amazonasgebiets, die »grüne Lunge« der Welt, versorgen uns mit Sauerstoff. Die Erhaltung und Unterstützung dieser Region und ihrer Tier- und Pflanzenwelt ist für die Menschheit eine Überlebensfrage.

Dieses Buch soll ein Geschenk von Informationen sein. Es soll beitragen

- zum Kennenlernen von einigen der herrlichen Edelsteine und Kristallarten des Amazonasgebiets,
- zur Freude an der majestätischen Schönheit einer kleinen Auswahl von Amazonasorchideen und
- zur Information über die speziellen Essenzen von Orchideen und Edelsteinen, ihre Verwendung sowie ihre Wirkungsweisen und Kombinationen.

Mögen diese speziellen Energien dem einzelnen Menschen von Nutzen sein, ihn auf eine höhere Schwingung zu trans-

13

formieren; mögen sie helfen, das Umweltbewußtsein zu verändern, um somit auch wieder zum Zentrum der Erde zurückfließen zu können.

Erkenne dich selbst in der Schönheit und den Wundern des Amazonas!

Der Amazonas

Das Amazonasgebiet, dieser größte und älteste tropische Regenwald unseres Planeten, beherbergt eine unendlich erscheinende Vielfalt an Lebensformen. Fährt man auf einem der vielen mäandernden Seitenarme des Amazonasflusses in einem Ruderboot oder geht man mit einem ortskundigen Indio durch den dichten tiefgrünen Wald, so fällt einem sofort diese Fülle verschiedenartiger Insekten, Pflanzen und Tiere auf, die sich hier dicht aneinanderdrängen. Diese Artenvielfalt wurde auch durch Untersuchungen an der Universität von Bogotá (Kolumbien) dokumentiert. Allein an einem einzigen Baumriesen des Amazonaswaldes hat man beispielsweise eine größere Anzahl verschiedenartiger Insektenarten angetroffen als in ganz England und Irland zusammen.

Wo immer man in diesem Regenwald auch ist: Man spürt intensives Leben um sich herum. Das Zwitschern der vielen bunt schillernden Vögel vermischt sich hier mit dem Schreien der Affen und dem Summen der Insekten. Alles fließt hier zu einem großartigen Konzert vor grüner Kulisse zusammen. Baumstämme, Lianen und Luftwurzeln bestimmen das Bild. Wohin der Blick auch schweift, entdeckt man neue, unbekannte Lebensformen: Pilze in allen Größen und prächtigen Farben, paradiesartig anmutende Schmetterlinge und Tiere.

Der tropische Regenwald ist durch zwei besondere Merkmale charakterisiert: zum einen durch seine Aufgliederung in drei Stockwerke, von denen jedes seine eigenen Lebensgemeinschaften beherbergt, zum anderen durch die besondere Art, wie all seine Lebensformen dort genährt werden.

Im ersten Stockwerk, der lichtarmen Boden- und Buschzone, wird das Bild durch die großen Stütz- und Stelzwurzeln der Bäume, Büsche und kleinen Palmen geprägt. Das zweite Stockwerk bilden die höheren Büsche und Bäume in einer Höhe von fünf bis zwanzig Metern. Hier leben schon wieder ganz andere Insekten und Tiere, und es zeigen sich mehr Blüten als im ersten Stock. In einer Höhe von fünfundzwanzig bis fünfunddreißig Metern bilden die lichtdurchfluteten Kronen der Baumriesen das dritte Stockwerk. Hier oben auf den Bäumen treffen wir eine unglaublich reiche Artengemeinschaft an. Viele der hier lebenden Säugetiere, Vögel und Amphibien berühren nie in ihrem Leben den Boden. Und überall blüht es! Aus der Vogelperspektive sieht der Wald wie ein riesengroßer Blumenstrauß aus. Hoch droben auf den Ästen der Bäume leben – wie andere Epiphytengewächse auch – die Orchideen und wachsen der Sonne und den Sternen entgegen.

Die zweite charakteristische Eigenschaft des Regenwaldes besteht darin, daß diese gewaltigen Baumriesen mit ihren Stützwurzeln auf einer vergleichsweise hauchdünnen, oft nicht mehr als acht Zentimeter dicken Humusschicht stehen. Anders als bei Bäumen, die die notwendigen Nährstoffe mit ihren Wurzeln aus dem Boden lösen, geschieht im tropischen Regenwald die Ernährung von oben her. Die herunterfallenden Blätter und Tierexkremente werden in kürzester Zeit von den Millionen und Milliarden kleinster Bodenlebewesen, die in der Humusschicht leben, zersetzt und dann über die Wurzeln aufgenommen. Auch die Wassertropfen der häufigen tropischen Regenfälle führen Nährstoffe mit sich. Auf ihrem langen Weg durch das Blattwerk gelangen sie sehr

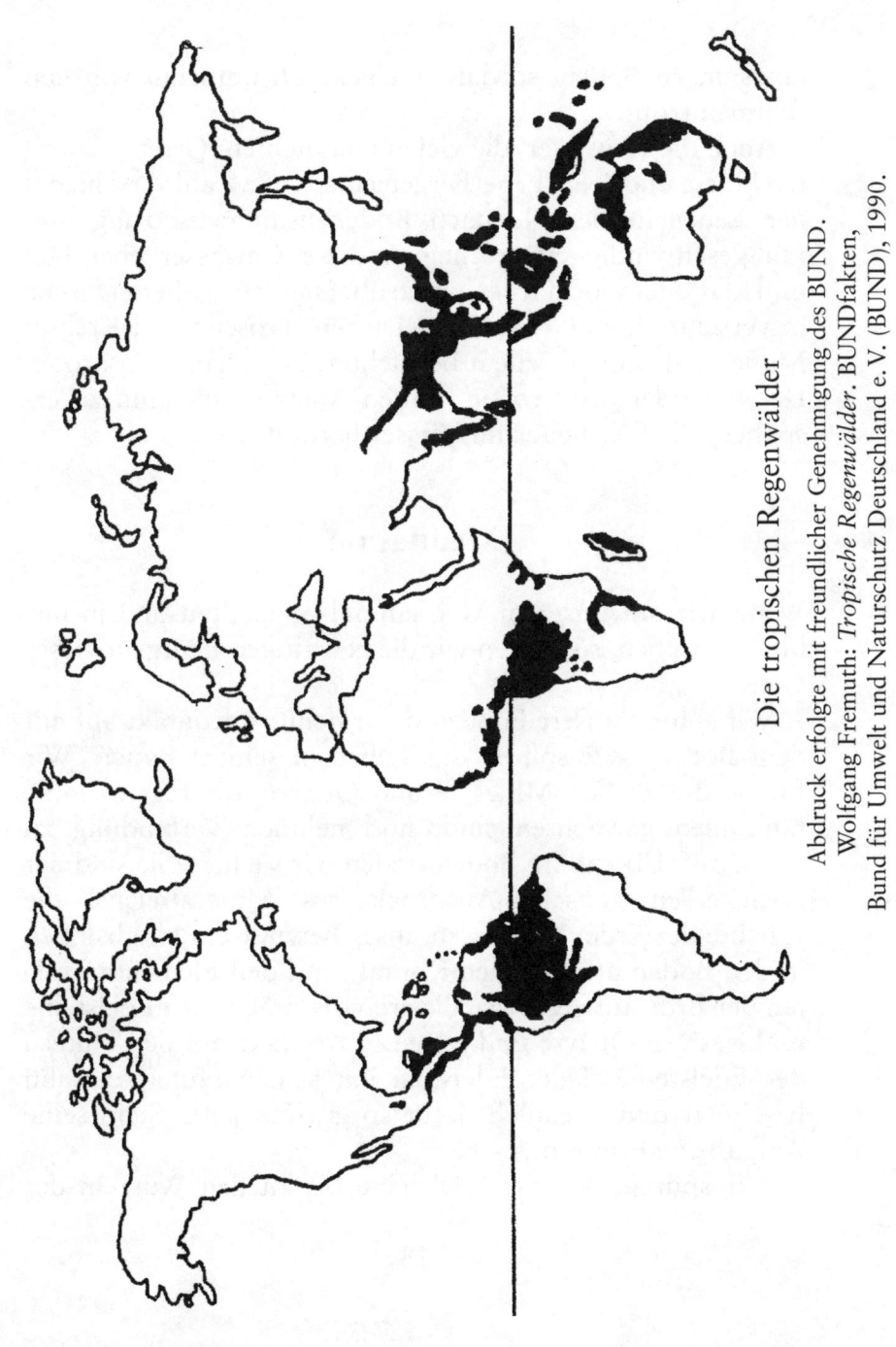

Die tropischen Regenwälder

Abdruck erfolgte mit freundlicher Genehmigung des BUND.
Wolfgang Fremuth: *Tropische Regenwälder*. BUNDfakten,
Bund für Umwelt und Naturschutz Deutschland e. V. (BUND), 1990.

langsam zu Boden, so daß es eigentlich immerzu von den Bäumen tropft.

Auch die Gewässer, die vielen von dichtem Grün gesäumten Flüsse und Seen, beherbergen eine große Zahl verschiedener Lebensformen. Je nach Bodenzusammensetzung und Flußgeschwindigkeit erscheinen diese Gewässer eher hell und klar oder moorfarben und trüb. Hier leben allerlei Fische in verschiedenen Größen und Farben, Frösche und Krebse. Manchmal gelingt es dem Betrachter, den kleinen rosaroten Delphin oder den großen grauen Amazonasdelphin zu erspähen, die hier heiter im Wasser herumtollen.

Meditation

Wenn wir auf unserem Weg einmal innehalten und in uns hineinhorchen, so spüren wir die gewaltigen Energien dieses Ortes.

Wir spüren unsere Füße und wir nehmen Kontakt auf mit dem Boden. Wir spüren das Leben in seinem Bauch. Wir fühlen die großen Minerale und Quarze, die hier in Jahrtausenden gewachsen sind, und nehmen Verbindung zu ihnen auf. Überall im Boden finden wir sie hier. Sie sind der höchste energetische Ausdruck des Mineralreichs, die Früchte der Erde. Wir lassen unser Bewußtsein hinabsinken in den Boden und nehmen Kontakt mit den Elementarkräften der Erde auf. Wir visualisieren die prächtigen Edelsteine und riesigen Quarze und treten in Kontakt mit den Hütern der Edelsteine. Jeder Edelstein hat seinen Hüter, der ihn beschützt und der auch dafür sorgt, daß jeder Stein seine Aufgabe wahrnimmt.

Wir spüren, wie die Edelsteine bis zu den Wurzeln der

Bäume hinaufstrahlen und sie stärken, wie sie die Erde mit Energie versorgen und von hier aus in den ganzen Planeten strahlen und helfen, ihn zu heilen.

Danken wir ihnen dafür.

Wir lassen unser Bewußtsein weiter aufsteigen und kommen wieder an die Erdoberfläche zurück. Wir spüren die Bäume und gehen auf einen dieser Baumriesen zu. Wir umarmen ihn oder lehnen uns mit unserem Rücken an seinen mächtigen Stamm, der von großen Wurzeln gestützt wird. Wir fühlen seine Energie. Wir öffnen unser Bewußtsein und lassen diese wohltuende Energie in uns einfließen. Wir spüren seine Energie und seine Schutzgeister, die Devas des Baumes. Wir lassen seine Kraft in uns hineinströmen. Wir danken ihm dafür, daß er hilft, die Luft unseres Planeten zu filtern und zu reinigen und den Sauerstoff für uns zu erzeugen. Schicken wir ihm eine gewaltige Vibration der Liebe als Dank.

Gehen wir weiter auf unserem Weg. Wir sehen einen lila-farbenen Schmetterling und einen Paradiesvogel vorbeifliegen, und wir treffen auf eine wunderschöne exotische Blume. Wir legen die Hände um die Blüte herum und spüren den energetischen Körper, der die Blüte umgibt. Wir tauchen mit unserem Bewußtsein in das Innere der Blüte und lassen uns vollkommen in sie hineinfließen. Wir spüren die Devas dieser Blume. Wir öffnen unser Herz und lassen ihre Energie in uns einfließen. Wir treten in Kommunikation mit den Devas. Wir spüren, welche Wärme und Liebe sie ausstrahlen. Hören wir ihre Botschaft. Wir erkennen, daß sie unentwegt ihre Energie in die Luft ausströmen, um das Gleichgewicht der Lebewesen zu bewahren und um mit Harmonie zu heilen.

Danken wir ihnen dafür.

Lassen wir unser Bewußtsein weiter aufsteigen, hinauf bis in die Kronen der Baumriesen, auf deren Ästen die prächtigen Orchideen blühen. Wir nehmen jetzt Kontakt auf mit den Engeln der Orchideen. Wir lassen ihre wunderbare Energie von oben in uns einfließen. Wir empfangen diese Energie, die uns mit der unsichtbaren Welt der Engel verbindet, und wir heben unser Bewußtsein hinauf bis in den Kosmos. Wir lassen diese Liebe in uns einfließen. Wir lenken sie nach unten in unsere Füße und schicken sie zurück zur Erde. Wir danken den Orchideen für ihre Arbeit, die Verbindung zwischen dem Kosmos und der Erde herzustellen und die Menschen mit den Engeln zu verbinden.

Danken wir ihnen dafür.

Kommen wir langsam wieder auf den Boden zurück und gehen wir hinunter zum Ufer des Amazonas. Wir blicken auf den gewaltigsten und größten Fluß der Erde, der silbern glitzernd dahinströmt. Wir spüren seine Kraft, mit der seine Wassermassen behaglich von den Bergen der Anden bis in den Atlantik fließen. Wir sehen aus seinen Fluten rosarote Delphine aufspringen. Wir nehmen Kontakt auf mit diesen intelligenten Lebewesen, die durch ihre Schwingung und ihren Gesang die Evolution des Planeten beschleunigen und das Bewußtsein der Menschen berühren.

Danken wir ihnen dafür.

Wir nehmen Kontakt auf mit der gewaltigen Energie des Amazonas, die sich aus den Elementarkräften des Wassers, der Erde und der an ihm wachsenden Pflanzen und der in ihm schwimmenden Delphine zusammensetzt. Wir spüren diese ungeheure Kraft, mit der der Fluß dahinzieht und die die

Hauptschlagader der Lebensenergie unseres Planeten ist. Danken wir ihm für sein lebensspendendes Wirken und seine zentrale Rolle im Gleichgewicht des Lebens auf der Erde.

Danken wir ihm dafür.

Die Menschen des Amazonas

Für die Indios des Amazonasgebiets gehören der natürliche Kontakt und die Kommunikation mit den verschiedenen Energieformen der Natur zum täglichen Leben, wie man bei uns vergleichsweise den Fernsehapparat einschaltet. Fernab von den Städten, tief im Dschungel, leben diese noch weitgehend von den Einflüssen der Zivilisation verschont gebliebenen Menschen.

Bäume, Tiere und Steine werden in der Kultur der Indios als Brüder angesehen. Die Menschen verstehen sich als Teil der Natur. So leben sie schon seit Jahrtausenden in Harmonie mit ihrer natürlichen Umwelt und der Erde. Wird beispielsweise ein Baum gefällt, um daraus ein Boot zu bauen, so bedanken sie sich bei ihm und pflanzen an der Stelle einen neuen, so daß alles in seinem natürlichen Gleichgewicht bleibt. Sie leben mit der Natur und als Teil von ihr, und sie finden in ihr auch alles, was sie zum Leben brauchen.

Auch für die Behandlung der Kranken benutzen sie, was sie in ihrer natürlichen Umwelt finden. So verwenden sie schon seit Generationen auch Steine und Pflanzen zu Heilzwecken. Für die Indios ist das Wiedererlangen der Gesundheit untrennbar mit der Herstellung des seelischen Gleichgewichts verbunden. Für sie gilt der Grundsatz, daß es eigentlich keine Krankheiten gibt, sondern nur kranke Menschen, was sie in ihrem Sprachgebrauch durchaus auch als »böse

21

Energie« bezeichnen. Verschwindet die Ursache der Krankheit, was meist auf seelisch-emotioneller Ebene geschieht, so verschwindet die »böse Energie«, so pendelt sich das natürliche Gleichgewicht von selbst wieder ein. Der Mensch gesundet und erlangt von neuem seine volle Kraft und Vitalität.

Die für die Heilung speziell ausgebildeten Medizinmänner oder Schamanen arbeiten im Trancezustand auf der Astralebene und setzen auch ganz gezielt Steine und Pflanzenmittel ein, um dem Menschen wieder zu seinem natürlichen Gleichgewicht zu verhelfen, damit er genesen kann. Die hierzu verwendeten Edelsteine sind in den meisten Fällen der Bergkristall und der Trapichesmaragd, ein Heilerstein mit einem sechsstrahlig eingewachsenen Stern. Es würde den Rahmen diese Buches überschreiten, hier näher auf das Schamanentum einzugehen. Sicher ist jedoch, daß wir auch auf medizinischer Ebene vieles von den Naturvölkern lernen können.

Heute benötigen diese Naturvölker, die uns ein Beispiel geben, wie man in Harmonie mit seiner Umwelt leben kann, dringend unseren Schutz. Durch die sich ständig beschleunigende Zerstörung ihrer natürlichen Umwelt und durch die immer weiter fortschreitende »Zivilisation« sind sie ganz massiv in ihrer Existenz bedroht. Im Kapitel *Das Zentrum der Erde* werden wir noch darauf zurückkommen.

Die Fotokarten

Beschreibung der Fotokarten

Die Edelsteine und Orchideen, die diesem Werk zugrunde gelegt sind, begleiten das Buch als vielseitig verwendbares Kartenset. Die Vorderseite der Karten zeigt die charakteristische Darstellung des Edelsteins beziehungsweise der Orchidee. Damit Sie die entsprechende Karte unbeeinflußt wählen können, wird auf der Vorderseite kein Name angegeben. Die Rückseite trägt oben den Namen des Edelsteins oder der Orchidee (Bezeichnung der Essenz und botanischer Name der Pflanze); danach folgt die Beschreibung des Steins oder der Blüte. Der Affirmationssatz unterstützt und verstärkt bei regelmäßiger Anwendung die Wirksamkeit der Essenz.

Zum Abschluß wird die innere Beziehung zwischen Stein und Blüte deutlich gemacht: Bei der Edelsteinessenz wird diejenige Orchideenessenz aufgeführt, die ihrer Wirkung entspricht und sie verstärkt; bei der Orchideenessenz wird die entsprechende Edelsteinessenz genannt.

Benutzung der Fotokarten

Die Fotokarten sind besonders bei der Auswahl der Essenzen sehr hilfreich. Neben anderen im folgenden Abschnitt beschriebenen intuitiven Methoden können Ihnen auch die

Fotokarten helfen, den Weg zu Ihrem Problem zu erschlie-
ßen. Wir empfehlen, einfach einmal mit den verschiedenen
Karten zu meditieren, zu erspüren, von welcher Sie sich be-
sonders angezogen fühlen. Manchmal springt Ihnen eine
Blüte oder ein Stein sofort ins Auge. Dann sollten Sie die
Beschreibung der entsprechenden Blüte oder des Steins lesen
und auf sich wirken lassen. Oftmals rührt sich schon beim
Durchlesen in Ihnen ein Empfinden, wie man es etwa beim
Betrachten einer schönen Landschaft oder beim Hören einer
sanften Musik erlebt.

Eine andere Möglichkeit besteht darin, die Karten mit dem
Bild nach oben vor sich auszubreiten und die Bilder auf sich
wirken zu lassen. Suchen Sie sich dann eine bis höchstens vier
Karten aus, die Sie am meisten ansprechen. Noch ein anderer
Weg ist, die Augen zu schließen und mit der linken (intuitiven) Hand langsam mit etwas Abstand über die Karten zu
fahren, wobei Sie zu erspüren versuchen, welche Karte die
größte Anziehung auf Sie ausübt.

Lassen Sie das Bild der Karte auf sich wirken und lesen Sie
danach den erläuternden Text und die Affirmation. Die entsprechende Essenz setzen Sie dann nach den im Buch beschriebenen Möglichkeiten ein.

Ein Wort noch zu den Affirmationen auf der Kartenrück-
seite:

Jede Edelstein- sowie Orchideenessenz ist mit einer Affirmation verbunden. Affirmationen sind an die Seele gerich-
tete Botschaften, die sich durch konsequente Anwendung im
Unterbewußtsein manifestieren. Um die Wirkung einer Affirmation herbeizuführen, werden die entsprechenden Botschaften mindestens vier Wochen morgens und abends dreimal laut gelesen. Die Edelstein-Blütenkombinationen wirken
auf sanfte Weise. Je sensibler ein Mensch ist, um so spürbarer

ist die Veränderung. Anwendung und Wirkung unterliegen keinesfalls dem Prinzip »Viel hilft viel«, denn es handelt sich hier um feine kosmische Schwingungen, die Körper, Geist und Seele in Einklang bringen. Freude, Dankbarkeit und Vertrauen in den Schöpfer sowie regelmäßige Meditationen unterstützen das »Heilwerden«.

Auswahl der verschiedenen Essenzen

Wenn Sie die Essenzen für sich oder auch für einen anderen Menschen bestimmen möchten, so stellt sich immer wieder die Frage nach der richtigen Auswahlmethode.

Die Benutzung der Fotokarten ist in diesem Zusammenhang bereits beschrieben worden. Da es unmöglich ist, die entsprechenden Essenzen rein intellektuell zu bestimmen, werden im folgenden weitere intuitive Techniken beschrieben: das intuitive Austesten, das Auswählen mittels des Pendels und der Radiästhesie, sowie den Muskel- und Pulstest.

Zu Beginn wird es vielleicht nicht ganz einfach sein, die Antworten und Reaktionen Ihres Körpers zu spüren, doch wird es Ihnen leichter fallen, je mehr Sie mit den verschiedenen Testmethoden arbeiten und dabei gleichzeitig Ihre Intuition schulen.

Intuitive Auswahl

Wenn Sie die richtigen Edelstein- oder Orchideenessenzen für sich selbst oder auch andere herausfinden wollen, gilt als oberstes Prinzip, sich frei zu machen von jeglichem Egoismus, der sonst Ihre Testergebnisse verfälschen würde. Wichtig ist auch, sich der eigenen Intuition zu öffnen, um an den Kern der Frage zu gelangen, denn wer gesteht sich selbst gern Schwächen zu in einer Gesellschaft, in der Stärke gefordert wird? Es ist nicht einfach, seine Schwachpunkte zu sehen und an ihnen zu arbeiten, handelt es sich doch gerade um jene Punkte, die wir so gut zu überspielen gelernt haben und deren Eingeständnis uns deshalb meist besonders schwerfällt. Aber die Erkenntnis unseres Schwachpunktes ist der erste Schritt zur Selbstheilung. Sie werden erstaunt sein, wie schnell man genau diesen Punkt oder diese Punkte findet. Wenn Sie die Essenzen bestimmen, gelangen Sie immer exakt an die Schlüsselstelle des Problems. Im Extremfall brauchen Sie eine Person gar nicht zu kennen. Sie müssen auch noch nicht viel mit ihr gesprochen haben, und schon sind Sie mit der richtigen Auswahl der Essenzen an der Schlüsselstelle. Sie werden erstaunte Gesichter sehen, wenn Sie dann mit dem Betreffenden gemeinsam die Beschreibung der gefundenen Mittel durchlesen.

Sensible Menschen und ganz besonders Kinder besitzen meist eine gut entwickelte Intuition, die ganz entschieden bei der Auswahl hilft. So können wir Kindern oft einfach nur die Flaschen mit den verschiedenen Essenzen hinstellen mit der Aufforderung, sich eine Flasche oder zwei Flaschen auszusuchen. Das geht meistens sehr schnell. Überprüft man dann, *was* ausgewählt wurde, so sind die Ergebnisse oft verblüffend.

Eine andere intuitive Methode ist, einfach die linke Hand über die Flaschen zu führen und dabei zu spüren versuchen, von welcher Flasche man sich angezogen fühlt; zu hören, welche Blüte oder welcher Stein uns etwas mitzuteilen hat. Dies ist eine Methode, die eigentlich jeder Mensch beherrscht, die er aber aus mangelndem Vertrauen in die eigene Intuition oft nicht anzuwenden wagt.

Auswahl mit Radiästhesie

Eine Möglichkeit der Auswahl der Essenzen ist die Radiästhesie oder das Pendeln. Wenn Sie mit diesem Prinzip vertraut sind, wird es keine Schwierigkeiten bereiten, die verschiedenen Mittel auszutesten. Vom Prinzip her ist dies eine recht einfache Methode.

Das Pendel wird dabei ruhig über die einzelnen Flaschen gehalten. Dabei ist es wichtig, sich auf die Frage zu konzentrieren: »Benötige ich diese Essenz?« Eine Drehung nach rechts (im Uhrzeigersinn) bedeutet zum Beispiel »Ja«, eine Drehung nach links (im Gegenuhrzeigersinn) hingegen »Nein«, je nachdem welche Pendelbewegung Sie zuvor für sich erprobt haben. (Falls Sie mit dem Pendeln nicht so vertraut sein, sei hier auf das Buch von A. Spiesberger, *Der Pendelpraktiker,* Verlag Hermann Bauer, verwiesen.) Wir programmieren uns dabei selbst. Um auch hier nicht den Prozeß zu beeinflussen, ist es ratsam, die Flaschen mit den Etiketten so zu halten, daß Sie diese nicht lesen können. Haben Sie mehrere Essenzen gefunden, so empfiehlt es sich, eine erneute Auswahl zu treffen und danach die gefundenen Mittel mit den entsprechenden Beschreibungen zu vergleichen.

Auswahl mit Muskeltest

Eine weitere Auswahlmethode ist der Muskeltest (Kinesiologie). * Er entspricht dem Bio-Feedback und wurde von Dr. George Goodheart in den USA entwickelt. Wir haben es hier

---

* Es sei hier auf das Buch von Dr. John Diamond, dem Präsidenten der »Internationalen Akademie für präventive Medizin« verwiesen: *Der Körper lügt nicht!* Verlag für angewandte Kinesiologie, Freiburg, 4. Aufl. 1988.

mit einem Test zu tun, der ganzheitlich wirkt, denn die behandelte Person spürt ihre Reaktionen am eigenen Körper. Wir wollen diesen Test etwas ausführlicher beschreiben.

Suchen Sie sich eine Testperson und machen Sie, ohne dabei zu lachen, folgenden Versuch:

1. Die Testperson steht aufrecht. Der linke Arm hängt locker am Körper herunter. Der rechte Arm wird in einem Winkel von neunzig Grad parallel zum Erdboden vom Körper gestreckt. Die Armbanduhr wird abgelegt.
2. Stellen Sie sich vor die Person. Legen Sie Ihre rechte Hand zur Stabilisierung auf die linke Schulter der Testperson und Ihre linke Hand auf den ausgestreckten Arm der Testperson – dort, wo man eine Uhr trägt.
3. Erklären Sie, daß Sie den ausgestreckten Arm der Testperson zum Körper herunterdrücken werden. Zeigen Sie zunächst einmal nur die Bewegungsrichtungen.
4. Gehen Sie zurück in die Ausgangssituation. Sagen Sie jetzt der Testperson, daß sie, wenn Sie erneut den Arm herunterdrücken, den Arm halten soll, so daß der Arm nicht heruntergedrückt werden kann.
5. Drücken Sie den Arm langsam und gleichmäßig herunter und sagen Sie vorher »Halten«, damit die Person nicht überrascht wird und gut dagegendrücken kann.

Wichtig: Dies ist kein Krafttraining, sondern es geht einzig und allein darum, die Muskelspannung zu spüren! Es darf nur so stark gedrückt werden, daß das Sperren des Armes gespürt wird. Auch die Testperson soll nur soviel Energie aufwenden, daß das Herunterdrücken verhindert wird. Am Anfang ist dies immer etwas schwierig; testen Sie daher gleich mehrmals.

Sie erkennen den Unterschied zwischen den verschiedenen Reaktionen des Körpers: Durch einen »schwachen« Muskel zeigt uns der Körper, daß er nicht einverstanden ist, daß er nein sagt. Umgekehrt zeigt uns der Körper durch einen »starken« Muskel, daß er einverstanden ist, also ja sagt.

Lassen Sie nun die Testperson bestimmte Aussagen machen. Testen Sie unmittelbar danach.

Ein Beispiel: Die Testperson spricht ihren Namen aus: »Ich heiße . . .« Testen Sie gleich danach. Jetzt sollte der Muskel »stark« sein, der Körper ist mit der Affirmation einverstanden. Manchmal testet bei Frauen der angeheiratete Name schwach, das heißt, man identifiziert sich nicht voll mit diesem Namen. Lassen Sie die Testperson einen erfundenen Namen aussprechen, und testen Sie wieder. Sie werden feststellen, daß die Person jetzt »schwach« reagiert, der Körper mit dieser Affirmation nicht einverstanden ist. Machen Sie das gleiche, indem Sie andere offensichtlich richtige Aussagen aussprechen lassen, und testen Sie weiter. So können Sie den Ort, an dem Sie sich befinden und andere Gegebenheiten nennen. Sie werden feststellen, daß der Körper »weiß«, was für ihn stimmt und was nicht.

Haben Sie das Prinzip des Muskeltests genügend erprobt, können Sie zu dem spezifischen Test, zur Ermittlung der Essenzen, übergehen.

Sie bringen sich in die Ausgangssituation: Die Testperson steht aufrecht, den rechten Arm senkrecht ausgestreckt; die testende Person steht gegenüber, die rechte Hand auf der linken Schulter der Testperson, und drückt sanft mit der linken Hand den ausgestreckten Arm hinunter.

Stellen Sie zuerst die Frage, ob die Testperson Essenzen benötigt, und lassen Sie die Testperson die Frage aussprechen und testen.

»Starker« Muskel: Ja – Sie können weitertesten.

»Schwacher« Muskel: Nein – In diesem Fall benötigt die Person jetzt keine Essenzen; Sie können hier aufhören. Bedenken Sie aber, daß sich diese Antwort nur auf den Augenblick bezieht und die momentane Lage widerspiegelt.

Bei einem Ja wollen Sie selbstverständlich wissen, *welche* Essenzen im Augenblick nötig werden und testen weiter. Hier gibt es verschiedene Möglichkeiten:

Legen Sie der Testperson die jeweils in die engere Wahl gezogene Essenz in die linke Hand. Nun fragt die Testperson, ob sie diese Essenz im Augenblick benötige, und Sie testen wieder. Es ist dabei nicht unbedingt notwendig, daß die Person die Frage ausspricht; es genügt, wenn sie sich diese Frage beim Testen in Gedanken stellt.

Mit dem gleichen Verfahren können Sie auch die Zeitdauer der Einnahme der Essenz testen, indem Sie nach konkreten Zeiten fragen: eine Woche, zwei Wochen oder ein Monat. So kann die Einnehmzeit exakt bestimmt werden.

Auswahl mit Pulstest

Ein weiteres Verfahren ist der Pulstest. Er kommt aus der chinesischen Medizin und ist eine Form der Diagnose, die vielleicht zu Beginn nicht allzu einfach erscheint, da sie ein sehr gutes »Fingerspitzengefühl« verlangt. Sie ist aber eine sehr zuverlässige Testmethode. Wie ein inneres Pendel antwortet unser Körper auf verschiedene Reagenzien, mit denen er in Kontakt kommt. So können Sie anhand dieses Tests auch unmittelbare Reaktionen des Körpers auf die verschiedenen Essenzen prüfen. Getestet wird der Puls in aller Regel im Bereich des verlängerten Daumens in der Handinnenseite, wo Sie einen oder mehrere Finger auflegen. Da der Daumen selbst einen Puls hat, können Sie mit ihm nicht testen. Nehmen Sie also die Hand Ihrer Testperson, und spüren Sie erst einmal deren Puls.

Normaler Puls   Abb. 2   Ansteigender Puls

Nun nehmen Sie die zu testende Essenz mit der anderen Hand und führen sie langsam zum Körper der Testperson. Sobald Sie den Astralkörper in etwa vierzig Zentimeter Abstand vom physischen Körper der Testperson berühren, zeigt sich schon eine kurze Reaktion durch einen modifizierten Pulsausschlag. Der Puls wird hierbei in seiner Frequenz nicht häufiger oder schneller; Sie spüren ihn vielmehr fester und intensiver. Bringen Sie nun die Essenz weiter an den Körper des anderen heran, bis in etwa fünfzehn bis zwanzig Zentimeter Abstand wieder ein kurzer starker Pulsschlag zu spüren ist. Hier wird der energetische Körper berührt. Weiter geht es mit normalem Pulsschlag, bis Sie den physischen Körper der Testperson berühren. Nochmals ist ein modifizierter Puls zu spüren. Nun hat auch der physische Körper mit der Essenz Kontakt aufgenommen und ist wieder »normal«. Wenn der Körper mit der Energie einverstanden ist, wird der Puls wieder ruhig. Testen Sie dagegen einen Giftstoff für die Person, so werden sich, wenn Sie einen für den Körper giftigen Stoff auf die Haut legen, heftige Pulsschläge zeigen. Durch seine heftigen Reaktionen möchte der Körper sagen: »Ich will nicht.«

32

Nach der Entfernung des Giftstoffs beruhigt sich der Puls wieder. Testen Sie eine Essenz – und dabei spielt es keine Rolle, ob es sich um eine Edelstein-, Blüten- oder Orchideenessenz handelt –, so werden Sie feststellen, daß die Reaktionen des Körpers positiv sein werden. Das heißt, er akzeptiert die Energie als positiv, und der Puls beruhigt sich, sobald die Essenz länger auf der Haut liegt. Hat sich der Puls normalisiert, ziehen Sie ruckartig die Essenz aus dem Bereich des energetischen Körpers und Astralkörpers heraus und zählen jetzt die starken Pulsschläge, mit denen Ihnen der Körper vermitteln möchte: »Warum nimmst du es mir weg? Ich brauche diese Energie doch.«

Zählen Sie die Pulsschläge und machen Sie eine Kontrolle, indem Sie den Test nochmals wiederholen, da das Ergebnis um einen, maximal zwei Pulsschläge variieren kann. Spüren Sie mehr als sieben Pulsschläge der Testperson, so können Sie davon ausgehen, daß die entsprechende Essenz auf jeden Fall für die Person stimmt. Testen Sie die verschiedenen Essenzen und Sie werden feststellen, wie gut der Körper weiß, was für ihn am besten ist oder welche Energie er am dringendsten benötigt.

Ist die Wahl auf mehrere Essenzen gefallen, so ist zu überlegen, welche davon das Hauptthema ist. Sie sollten sich dann aber auf zwei bis drei Essenzen beschränken und nie mehr als drei Essenzen kombinieren oder zugleich einnehmen. Die Essenzen werden nicht vermischt; vielmehr gibt man pro Essenz sieben Tropfen aus dem Konzentrat (*Stock bottle*) in eine 30ml-Einnahmeflasche, dazu eine Mischung aus je zur Hälfte Quellwasser und Cognac, möglichst aus biologischem Anbau.

Es ist nach unserer Erfahrung gut, diese Regeln einzuhalten, denn besonders die Orchideenessenzen sind sehr hochschwingende Mittel. Es können mit ihnen sehr starke Energien im Menschen freigesetzt werden. Deshalb müssen wir *verantwortungsbewußt* mit diesen Mitteln umgehen; das heißt auch, daß wir diese Essenzen immer testen sollten. So sind beispielsweise die Essenzen der »Aggression Orchid« und der »Victoria Regia« mit dem Basischakra und somit auch mit der Kundalini-Energie verbunden. Wenn diese freigesetzt wird, müssen die oberen Chakras (Halschakra, Drittes Auge und Scheitelchakra) geöffnet sein, damit diese gewaltige Energie auch wieder richtig ausfließen kann.

Die Edelsteine und ihre Essenzen

Geschichte der Edelsteine

Edelsteine sind ein besonderes Geschenk unserer Erde. In Millionen von Jahren sind sie in ihrem Schoß gewachsen, bis sie von Menschen entdeckt und ans Tageslicht befördert wurden. In allen Hochkulturen wurden sie wegen ihrer Schönheit geschätzt, und man bediente sich ihrer geheimnisvollen Kräfte. Alte Überlieferungen erzählen von heilender und harmonisierender Wirkung auf Menschen, Tiere und sogar Pflanzen. Rezepte früherer Epochen werden heute wieder neu belebt und angewendet. So benutzte man zum Beispiel den Malachit zur Desinfektion medizinischer Gefäße. Ärzte trugen während der Konsultation als Ringe gefaßte Smaragde, um die Heilung der Kranken zu fördern. Saphire, Rubine, Smaragde, Amethyste, Diamanten und andere Steine von hoher Reinheit und Ausstrahlungskraft unterstützten geistige und weltliche Würdenträger in ihrem Auftreten, aber auch in ihrer Inspiration.

Hildegard von Bingen stellte vor achthundert Jahren genaue Angaben über die medizinische Anwendung von Pflanzen und Mineralien zusammen. Körper, Geist und Seele bilden nach ihrer Lehre einen einheitlichen Behandlungskomplex. Ein großer Teil der alten Überlieferungen ging verloren. Die Menschen der letzten Jahrhunderte gaben das ganzheitliche Denken auf und konzentrierten sich auf die Zergliederung und Erforschung der Materie. Heute, im Übergang zum Wassermannzeitalter, bahnt sich wieder ein ganzheitliches Denken an; auch die Edelsteine gewinnen mehr und mehr an Bedeutung im Heilwesen. Pflanzen-, Blüten- und Edelstein- extrakte bieten dabei eine verhältnismäßig leicht zu handha- bende Möglichkeit, die Gesundheit zu unterstützen.

Wirkung der Edelsteine

Edelsteine sind nicht, wie oft angenommen wird, tote Mate- rie. Sie wachsen und entwickeln sich nach organischen Ge- setzen, wenn auch wesentlich langsamer als Pflanzen, Tiere oder Menschen. Sieben verschiedene Wachstumsmuster der Edelsteine, sogenannte Kristallsysteme, wurden von den Geologen entdeckt. Kristallwachstum verläuft:

kubisch	=	würfelig
tetragonal	=	vierseitig
hexagonal	=	sechsseitig
trigonal	=	dreiseitig
rhombisch	=	rautenförmig
monoklin	=	einfach geneigt
triklin	=	dreifach geneigt

Diesen sieben Kristallsystemen lassen sich alle Edelsteine zuordnen, mit Ausnahme der *amorphen* (gestaltlosen, nicht- kristallinen) Steine, wie zum Beispiel Bernstein, Opal, Obsi- dian, Moldavit und Gagat.

Leitet man Energie in Kristalle, reagieren sie auf sehr inter- essante Weise: Die zugeführte Energie wird verändert wieder abgegeben. Führt man einem Kristall Strom zu, so wird die

Elektrizität in Schwingungen umgewandelt. Die Schwingungen sind bei gleicher Stromzufuhr exakt einheitlich. Dieses Phänomen benutzt man für die Zeitmessung mit Quarzuhren. Übt man auf einen Kristall Druck aus, wird diese Energie in Elektrizität verwandelt. Auch diese Reaktion wird technisch genutzt in Feuerzeugen zur Funkenerzeugung mit Kristallen (Piezoelektrizität).

Zugeführte Energien werden von Kristallen verändert. Tragen oder halten wir einen Edelstein, so wird demnach unsere Energie durch den Kristall geleitet und verändert. Das läßt sich leicht mit einem Bergkristall – als Spitze, als Kugel oder in anderer Form geschliffen – ausprobieren. Nehmen Sie den Kristall in die Hand; entspannen Sie sich und spüren Sie nach, wie Sie reagieren. Fühlen Sie pulsierende Energie? Werden Sie ruhig und ausgeglichen? Die meisten Menschen spüren auf Anhieb die in ihnen vorgehende Veränderung.

Diese Energieumwandlung ist nur *ein* Wirkungsprinzip der Edelsteine. Ebenso wie die Menschen nicht nur eine Fähigkeit oder Charaktereigenschaft besitzen, sind auch die Steine sehr vielseitig. Sie wirken durch ihre Farbe, chemische Zusammensetzung, Form und ihr Kristallsystem, ihre elektromagnetische Schwingung, Transparenz und Härte.

Farbe
ist die Sprache des Lichts. Farben entstehen durch das Licht. Das weiße Licht besteht aus elektromagnetischen Schwingungen und enthält alle Farben. Wird ein Teil des weißen Lichts absorbiert, verringert sich seine Schwingungsrate, und es entstehen Farben. Fällt Licht auf und durch einen Edelstein, so kann es entweder durchgelassen oder ganz beziehungsweise teilweise absorbiert werden. Ein farbloser Stein läßt alles Licht hindurch, ein schwarzer Stein absorbiert das

Licht. Nimmt ein Stein jedoch nur eine oder mehrere Farben auf, so trägt er die Farbe der Mischung der nicht absorbierten Farben. Der Amethyst zum Beispiel absorbiert alle Farben außer Violett. Violett hat eine sehr kurze Schwingung und wirkt vor allem im spirituellen Bereich, während Rot eine doppelt so lange Schwingung hat und hauptsächlich im Körperlichen wirkt. Körper, Geist und Seele können durch Zuführung der fehlenden Farben harmonisiert werden. Dies wird in der Farbtherapie genutzt. Auch die Edelsteine wirken durch ihre leuchtenden Farben. Die Farben sprechen besonders die Gefühle der Menschen an. Man kann die Farben den Energiezentren des menschlichen Körpers zuordnen (siehe Kapitel »Chakras und Edelsteine«).

Chemische Zusammensetzung
Ein Großteil der Edelsteine besteht aus Kieselsäure. Es gibt jedoch eine Vielzahl von anderen Elementen, die in Steinen vorhanden sind. Über die Haut in der Essenz gelöst, kann der Mensch fehlende Substanzen in feinstofflicher Form aufnehmen. Zum Beispiel ist der Hämatit eisenhaltig, Perlen sind reich an Kalzium, Malachit enthält Kupfer, Bergkristall besteht aus Kieselsäure. Die chemische Zusammensetzung wirkt vor allem auf Blut und Körper des Menschen.

Form und Kristallsystem
Die Formen der Mineralien enthalten viele Symbole und schenken den Menschen unterschiedliche Eindrücke und Wirkungen. Oft wird die Form eines Steins durch Schliff verändert oder auch betont, um dadurch die Farbwirkung, den Glanz und das Feuer des Edelsteins besonders gut zur Geltung zu bringen. Form und Kristallsystem beeinflussen die Zellbildung sowie die Spiritualität des Menschen.

Elektromagnetische Schwingung
der Kristalle läßt sich durch die Kirlianfotografie sichtbar machen und ist bei verschiedenen Steinen unterschiedlich. Man könnte sie auch als die Aura der Steine bezeichnen. Sie beeinflußt den Energiekörper des Menschen.

Transparenz
Die Durchsichtigkeit der Steine ist verschieden. Transparente Steine wirken auf das Denkvermögen, durchscheinende Steine auf die energiespendenden Organe, wie Herz und Lunge, undurchsichtige Steine auf die verarbeitenden Organe, wie Magen und Darm.

Härte
Harte Steine (zum Beispiel Diamant, Rubin, Saphir, Topas) stärken und festigen den Charakter und das Denkvermögen. Weiche Steine (zum Beispiel Calcit, Fluorit, Türkis, Azurit) lösen zu starre Charaktereigenschaften und vermitteln Toleranz.

Gesundheit ist ein Zustand vollendeten Gleichgewichts. Die Edelsteine mit ihrer Schönheit in Farbe, Form und Glanz bieten besonders angenehme Möglichkeiten, sich diesem Gleichgewicht zu nähern und Harmonie zu erreichen.

Anwendung der Edelsteine

Wie kann man die Edelsteine einsetzen, um in den Genuß ihrer Wirkung zu kommen? Es gibt eine ganze Reihe von Anwendungsmöglichkeiten. Hier eine Übersicht:

Anwendungsform als
- Rohstein
- trommelgeschliffener Stein
- geschliffener Stein (Beispiele: Edelsteinschliff, Kugel, Pyramide)
- Scheibe
- Edelsteinwasser
- Edelsteinessenz
- Edelsteincreme

Anwendungsarten
- Aufstellen der Steine im Wohn- und Arbeitsbereich
- Legen verschiedener Steine zu einem Mandala (Symbol- oder Meditationsbild)
- Tragen der Steine in der Tasche oder am Körper
- Tragen der Edelsteine als Schmuck, eventuell in Verbindung mit passenden Metallen wie Gold, Silber, Kupfer oder Platin
- Kristallmassage
- Meditation mit Edelsteinen
- Auflegen der Steine auf die entsprechenden Energiezentren des Körpers
- Anwendung der Edelsteinessenzen innerlich oder äußerlich
- Auftragen der Edelsteincremes.

Reinigung der Edelsteine

Vor Verwendung der Edelsteine, sei es als Taschenstein, zur Edelsteinbehandlung oder zur Herstellung von Essenzen, sollten die Steine immer gereinigt werden. Es gibt eine ganze Reihe von Reinigungsmethoden. Hier zeigen wir die wirksamsten und leicht auszuführenden Möglichkeiten auf:

1. Man legt den Stein für ein paar Minuten unter fließendes Wasser oder mindestens zwei Stunden in ein Gefäß mit etwa einem Liter Wasser.
2. Man legt den Stein für ein bis drei Tage in Meersalz und wäscht ihn hinterher mit klarem Wasser ab.
3. Man reinigt den Stein mindestens zwei Stunden in einer Lösung von einem Liter destilliertem Wasser und drei Eßlöffeln Meersalz oder fünf Eßlöffeln Apfelessig.
4. Man gibt den Stein für zwei Tage in ungedüngte Erde und spült ihn hinterher mit klarem Wasser ab.
5. Mentale Reinigung. Man reinigt den Edelstein durch Vorstellungskraft, indem man ihn in die zu einer Schale geformten Hände nimmt und sich einen Bergbach oder Wasserfall vorstellt, der alle Verunreinigungen und Fremdinformationen aus dem Stein fortspült.

Die Methoden 2 und 3 sollten nicht bei weichen oder empfindlichen Steinen wie Perle, Koralle, Malachit, Azurit, Türkis, Chrysokoll oder Selenit angewandt werden.

Chakras und Edelsteine

In diesem Kapitel werden die Hauptenergiezentren und zwei Nebenzentren des Körpers beschrieben, und es werden nach Farbe beziehungsweise nach Kristallsystem die Edelsteine zugeordnet, die das jeweilige Chakra am besten aktivieren können.

Die Chakras sind energetische Regulierungsstellen des Körpers, die die Aufnahme und Abgabe von Energie steuern.

Das erste Chakra: Wurzel- oder Basischakra
Das Wurzelchakra befindet sich zwischen Anus und dem Geschlechtsorgan; es nimmt die Energie der Erde auf. Hier sind Erdverbundenheit, Kampfwille, Mut und Selbsterhaltungstrieb angesiedelt.

Farbe: rot (Beispiele: Rubin, Granat, rote Koralle, Achat, Hämatit, Silex)

Kristallsystem: kubisch (Beispiele: Pyrit, Granat, Fluorit)

Eigenschaften: Erdverbundenheit, Sicherheit, Verantwortungsbewußtsein, Sexualität, Lebenskraft und Mut.

Störungen im Energiefluß: Mangelhafte Regenerationsfähigkeit, Aggression, ungeordnete Lebensführung, Lebensangst, übertriebene Abhängigkeit von materiellen Dingen, Egoismus, Stoffwechselstörungen oder Angst.

Das zweite Chakra: Milz-, Sexual- oder Sakralchakra
Das Milzchakra liegt über dem Schambein in Höhe der Milz und nimmt die Sonnenenergie auf. Hier finden Verdauung und Ausscheidung statt. Das zweite Chakra repräsentiert auch die Beziehungsebene.

Farbe: orange (Beispiele: Karneol, Feueropal, Padparadscha)

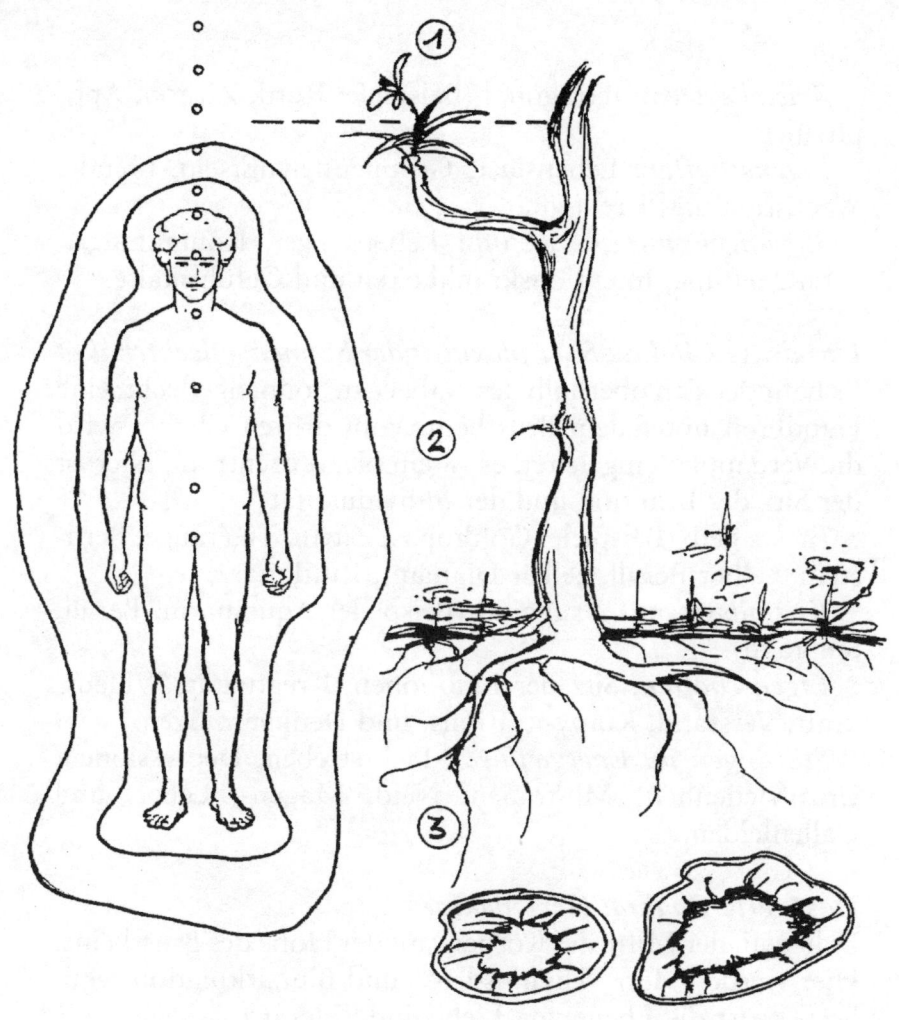

① Orchideenessenzen über dem Astralkörper.

② Blütenessenzen im Emotionalkörper.

③ Edelsteinessenzen wirken auf den physischen Körper und, je nach Stein, darüber hinaus.

Kristallsystem: tetragonal (Beispiele: Rutil, Zirkon, Apophyllit)

Eigenschaften: Lebenslust, Gruppenbewußtsein, Freude, Wachstum und Kreativität.

Störungen im Energiefluß: Lebensangst, Kontaktangst, Schuldgefühle, Infektionskrankheiten und Gefühlskälte.

Das dritte Chakra: Solarplexus- oder Sonnengeflechtchakra
Es befindet sich oberhalb des Nabels im Sonnengeflecht, eine Handbreit unter dem Brustbein. Vom dritten Chakra wird die Verdauung eingeleitet; es ist ein Nervenzentrum. Hier ist der Sitz der Intuition und der Individualität.

Farbe: gelb (Beispiele: Goldtopas, Zitrin, Tigerauge, Bernstein, gelber Beryll, gelber Diamant, Rutilquarz)

Kristallsystem: hexagonal (Beispiele: Aquamarin, Beryll, Smaragd)

Eigenschaften: Sitz der Emotionen, Kreativität, Willenskraft, Verstand, Konzentrations- und Denkvermögen.

Störungen im Energiefluß: Machtstreben, Depressionen, Unzufriedenheit, Mißtrauen, Neid, Magen-, Leber- und Gallenleiden.

Das vierte Chakra: Herzchakra
Es liegt in der Mitte des Körpers auf der Höhe des Brustbeins. Hier werden Herz, Thymusdrüse und Blutzirkulation reguliert. Es ist die Ebene von Liebe und Toleranz.

Farbe: grün (Beispiele: Moosachat, Aventurin, Smaragd, Chrysopras, Peridot, Malachit, Jade, Dioptas)

Farbe: rosa (Beispiele: Rosenquarz, Rhodochrosit, Rhodonit, Kunzit, rosa Koralle, rosa Turmalin)

Kristallsystem: trigonal (Beispiele: Achat, Bergkristall, Zitrin, Dioptas, Hämatit, Moosachat, Turmalin)

Eigenschaften: Einheit, Liebe, Versöhnung, Toleranz, Reinheit, Kontaktfreudigkeit und Harmonie.

Störungen im Energiefluß: Intoleranz, Fanatismus, gestörte Aufnahmebereitschaft, Herzlosigkeit, Teilnahmslosigkeit, Herz- und Durchblutungsstörungen, Immunschwäche, Lungenkrankheiten und Störungen der Thymusdrüse.

Das fünfte Chakra: Kehl- oder Halschakra
Das Halschakra liegt unter dem Kehlkopf in der Körpermitte. Es regelt die Lymphen, die Schilddrüse und die Gefühlsäußerungen über Sprache und Vibration.

Farbe: hellblau (Beispiele: Türkis, Aquamarin, Chalzedon, Mondstein, Chrysokoll)

Kristallsystem: rhombisch (Beispiele: Alexandrit, Chrysoberyll, Coelestin, Peridot, Topas)

Eigenschaften: Ausdruck der Gefühle über Sprache, Musik, Malerei und geschriebenes Wort. Wahrheit, Wissen, Inspiration und Kreativität.

Störungen im Energiefluß: Sprach- und Ausdrucksstörungen, Klatschsucht, Schildrüsenstörungen, dominierendes Verhalten und gestörte Intuition.

Das sechste Chakra: Stirnchakra oder Drittes Auge
Das Stirnchakra liegt zwischen den Augenbrauen und regelt die Denkprozesse und die Intuition.

Farbe: indigo (Beispiele: Lapislazuli, Sodalith, Azurit, Saphir)

Kristallsystem: monoklin (Beispiele: Azurit, Charoit, Kunzit, Malachit)

Eigenschaften: Sitz von geistigem Sehen und Intuition, Konzentrationsfähigkeit, Weisheit, außersinnliche Wahrnehmung, klare Zielvorstellung.

Störungen im Energiefluß: Unsicherheit, Unkontrolliertheit, Chaos, Lebensunlust, Überheblichkeit, Erschöpfung, Sehstörungen und Vergeßlichkeit.

Das siebente Chakra: Scheitel- oder Kronenchakra

Das siebente Chakra befindet sich am Scheitel. Es ist mit der Epiphyse verbunden. Es drückt Spiritualität und kosmische Einheit aus.

Farbe: violett (Beispiele: Amethyst, Sugilit, Fluorit, Purpurit, Charoit)

Kristallsystem: triklin (Beispiele: Amazonit, Labradorit, Rhodonit)

Eigenschaften: Kontakt zum höheren Selbst, Spiritualität, Erkenntnis der Lebensaufgabe, Zugang zum Unbewußten.

Störungen im Energiefluß: Lustlosigkeit, Depression, Todesangst, Überaktivität, Migräne und Kopfschmerz.

Die Nebenchakras der Hände und Füße

Die Nebenzentren der Hände befinden sich in den Handtellern und regeln den Energieaustausch mit dem Außen.

Farbe: weiß (Beispiele: Bergkristall, Diamant, Zirkon)

Kristallsystem: triklin (Beispiele: Kyanit, Labradorit)

Eigenschaften: Harmonie, Informations- und Energieaustausch, Klarheit, Ausdruck von Energie.

Störungen im Energiefluß: Ungenügende Ausdruckskraft, Blutstau in den Händen, mangelnde Sensibilität.

Die Nebenzentren der Füße befinden sich auf den Fußsohlen und verbinden den Körper und alle Chakras mit der Erde.

Farbe: schwarz (Beispiele: Onyx, Obsidian, schwarzer Turmalin, Rauchquarz)

Kristallsystem: kubisch (Beispiele: Granat, Diamant, Pyrit, Spinell)

Eigenschaften: Erdverbundenheit, Stabilisierung, Widerstandskraft, Standfestigkeit.

Störungen im Energiefluß: Weltflucht, Vernachlässigung körperlicher Bedürfnisse, Disharmonie, Beinbeschwerden.

Die höheren Chakras

In jüngerer Zeit wurden und werden Erfahrungen mit Energiezentren gesammelt, die sich auf und oberhalb der Schädeldecke befinden. Diese höheren Chakras verbinden uns mit unseren noch unbewußten schöpferischen Fähigkeiten, mit unserem höheren Selbst und mit dem göttlichen Bewußtsein. Diese Energiezentren werden uns gerade jetzt im Übergang zum Wassermannzeitalter bewußt, wo wir ihre Qualitäten und Verbindungsmöglichkeiten brauchen, um die auf uns zukommenden Herausforderungen und neuen Energieformen zu verkraften. Wir beschreiben einige Steine, die zur Unterstützung und Aktivierung dieser Chakras dienen können.

Der *Kyanit* ist ein blauer bis grüner Stein, manchmal mit gelben, rosa oder weißen Streifen, der in gefächerten Kristallen wächst. Er bringt Licht und Erleuchtung in Körper und Geist, löst alte, überholte Gedankenmuster auf und erleichtert die Entstehung höherer Gedankenformen.

Der *Moldavit*, ein grüner, transparenter, amorpher Stein, ist das Schmelzprodukt eines Meteoriten mit Erdgestein. Er unterstützt Menschen, die das Gefühl haben, nicht zu dieser Erde zu gehören, sich den Gegebenheiten unseres

Planeten anzupassen. Außerdem öffnet er uns für neue Denkweisen und für den Kontakt mit außerirdischen Lebensformen.

Der *Selenit* (kristalliner Gips), ein glasklarer, stabförmig gewachsener Kristall, bringt Licht in unsere Gefühlswelt und stabilisiert sie. Selenit hilft, die höchsten Lichtaspekte in die Materie zu integrieren.

Der *blaue Turmalin* wächst als stabförmiger Kristall. Er klärt das Bewußtsein und ermöglicht so die Eingliederung neuer Erkenntnisse.

Der *blaue Sternsaphir* zeigt auf seiner Oberfläche einen Stern. Er fördert die Entwicklung des Geistes und unterstützt die Konzentrationsfähigkeit. Dadurch lassen sich Gedanken wie die Strahlen des Sterns auf das Zentrum, das aktuelle Hauptthema richten.

Der *Calcit* erscheint in vielen Farben (weiß, gelb, orange, rosa, grün, gold, blau, grau und rot), von durchsichtig bis opak. Er bringt spirituelles Verständnis in den Alltag und ist hilfreich bei Rückführungen.

Herstellung und Aufbewahrung der Essenzen

Essenzen sind ein Konzentrat der Blüten oder Edelsteine, die ihre Energie in dieser Form verstärkt zur Verfügung stellen. Über die Flüssigkeit gelangen die entsprechenden Informationen besonders gut in den physischen und feinstofflichen Körper und können dort sofort ihre Wirkung entfalten.

Man benötigt zur Herstellung der Edelsteinelixiere

– einen Edelstein für die gewählte Essenz,
– eine Kristallschale, Bergkristallgeode oder eine einfache runde Glasschale,

- destilliertes Wasser,
- Gaze zum Abdecken der Schale,
- 96prozentigen Alkohol zum Ausreiben des Gefäßes,
- eventuell vier bis acht klare Bergkristallspitzen.

Die Edelsteine, die man zur Herstellung von Edelsteinelixieren verwendet, sollten keine artfremden Mineralien enthalten und möglichst unbearbeitet sein. Artfremd sind Mineralien, die nicht zur gleichen Gruppe gehören, wie zum Beispiel Calcit, der auf einen Amethyst aufgewachsen ist. Verwenden Sie möglichst farbintensive und schöne Steine. Zunächst werden sie, wie im Kapitel »Reinigung der Edelsteine« beschrieben, gereinigt und ein bis zwei Stunden in die Sonne gelegt. Um eine wertvolle Essenz herzustellen, sollten Sie sich wohlfühlen und Freude und Harmonie empfinden. Liebevoll nehmen Sie den geistigen Kontakt zu dem Stein auf, den Sie verwenden möchten. Der weitere Vorgang ist folgender:

1. Nehmen Sie die geschliffene, glatte Bergkristallschale, die Bergkristallgeode oder die unverzierte, glatte, durchsichtige Glasschale und sterilisieren Sie sie, indem Sie die Schale mit heißem Wasser ausspülen oder mit 96prozentigem Alkohol ausreiben.
2. Legen Sie den Stein in die Schale und fügen Sie destilliertes Wasser (etwa einen halben Liter) hinzu.
3. Decken Sie den Behälter mit Gaze ab und stellen Sie ihn ins Freie in die Sonne.
4. Um die Wirkung zu intensivieren, legen Sie im gleichmäßigen Abstand um die Schale oder Geode vier bis acht klare Bergkristallspitzen; die Spitzen zeigen zum Gefäß.
5. Visualisieren Sie sich selbst in einer Lichthülle; auch die Schale mit dem Stein stellen Sie sich eingehüllt in Licht

vor. Das Visualisieren geschieht, indem Sie zunächst beim Einatmen bewußt Licht und kosmische Energie aufnehmen und beim Ausatmen alles Belastende, Unklare, Dunkle loslassen. Wiederholen Sie diese »Lichtatmung« einige Male: Sie fühlen sich erfüllt von Licht. Beim neuen Einatmen dehnt sich das Licht über Ihren ganzen Körper aus, von innen nach außen, tritt über die Haut hinaus und umhüllt den gesamten physischen Körper, dehnt sich weiter aus wie eine Lichtblase, in der Sie stehen – eine Lichthülle mit einer goldenen Begrenzung. Die Schale mit dem Stein wird ebenfalls von Licht umhüllt. Sie können sie auch mit in die eigene Lichtblase hineinnehmen. Bitten Sie nun die Hüter der Steine um ihre Hilfe bei der Aufladung des Wassers. Stellen Sie sich intensiv den Energie- und Informationsaustausch vom Edelstein zum Wasser vor.

6. Sie lassen den Behälter im Freien in der Sonne stehen: mindestens acht, besser noch vierundzwanzig Stunden und möglichst zur Zeit des aufsteigenden Mondes oder Vollmondes. Oder Sie bereiten einen Behälter mit destilliertem Wasser und dem Stein, verschließen ihn und stellten ihn für mindestens eine Woche bei zunehmendem Mond bis Vollmond ins Freie.

7. Bei längerer Einnahme müssen Sie die Essenz konservieren. Nehmen Sie sterilisierte Tropffläschchen (20 bis 30 ml) und füllen Sie sie zur Hälfte mit dem Elixier. Den Rest der Flasche füllen Sie mit einem guten Cognac auf, dann schließen und beschriften Sie die Flaschen (Beispiel: *Mutteressenz Diamant*).

Die Fläschchen bewahren Sie in Abständen von fünf Zentimetern möglichst kühl, dunkel und nicht in der Nähe von elektrischen Kabeln, Steckdosen und Geräten auf.

Anwendung der Elixiere

Die besonderen Eigenschaften des jeweiligen Edelsteins, wie etwa Farben und Spurenelemente, werden durch die Einnahme der Essenzen wirksam. Spurenelemente sind beispielsweise Silicea, Magnesium, Kalzium, Lithium und Metalle. Mensch, Tier und Pflanze können von dieser feinstofflichen Hilfe profitieren.

Innerlich

Hat man eine Mutteressenz hergestellt, so wird sie verdünnt eingenommen. Ein 20 bis 30 ml Tropffläschchen füllt man halb mit Quell- oder Mineralwasser und halb mit Cognac und fügt sieben Tropfen Mutteressenz zu. Man schüttelt das Gemisch gut durch; auch vor jeder Einnahme dynamisiert man die Essenz wieder durch zehnmaliges Schütteln. Bei schnellerem Verbrauch (innerhalb von drei Tagen) reicht es, die sieben Tropfen nur mit Wasser zu verdünnen. Aus Haltbarkeitsgründen sollte sonst Cognac zugesetzt werden.

Im allgemeinen nimmt man dreimal täglich drei bis fünf Tropfen über einen Zeitraum von drei bis vier Wochen ein: Morgens und mittags gibt man die Tropfen zehn Minuten vor der Mahlzeit unter die Zunge und behält sie vor dem Schlucken eine Weile dort. Die dritte Einnahme erfolgt direkt vor dem Schlafengehen.

Äußerlich

Viele Edelsteinessenzen eignen sich für den äußerlichen Gebrauch. Bergkristallelixir ist als Beigabe zu allen Mischungen geeignet. Dieses Elixier entfaltet seine Eigenschaften besonders gut in Salben und Hautcremes, bei deren Herstellung einige Tropfen in das erwärmte, für die Mischung mit der

Fettphase bestimmte Wasser gegeben werden. Dafür eignen sich auch die Smaragd-, Aquamarin- oder Amazonitessenz.

Smaragd-, Aquamarin- oder Bergkristallessenz können zur Linderung von Augenentzündungen in das Kompressenwasser gegeben werden. Das Bergkristallelixier wirkt erfrischend im ganzen Kopf- und Körperbereich.

Eine weitere Anwendungsmöglichkeit der Essenzen ist das direkte Auftragen auf die Haut, in den Reflexzonen, den Chakrabereichen oder auf die Akupunkturpunkte. Zur Massage der Gesichts-, Hand- oder Fußreflexzonen eignet sich besonders eine mit den entsprechenden Edelstein- und Orchideenessenzen selbst hergestellte Creme (siehe Anhang »Edelstein-Orchideen-Cremes«).

Anwendung für Pflanzen und Tiere
Um unsere Haustiere und Pflanzen mit den Energien der Essenzen zu versorgen, ihnen Liebe und Licht angedeihen zu lassen, ist eine Kombination von Amazonas- und Bergkristallelixier anzuraten. Zwei Tropfen in das Trink- oder Gießwasser in regelmäßigen Abständen von vier bis sieben Tagen sind ausreichend.

Kombination von Edelstein- und Orchideenessenzen
Eine ideale Verbindung zum Edelsteinelixier sind die Orchideenessenzen. Beide lassen sich gut für die jeweiligen Bedürfnisse kombinieren. Die Dosierung sollte genau festgelegt und der Einnahmerhythmus eingehalten werden. Um die Wirkung eines Elixiers zu verstärken, eignet sich die Beigabe von Diamant- oder Bergkristallessenz. Die Zuordnung *Blüte – Edelstein – Affirmation* ist aus den Fotokarten schnell ersichtlich.

Beschreibung der Essenzen

Amazonit

Kristallsystem:	triklin
Härte:	6–6,5
Chemische Formel:	$K(AlSi_3O_8)$
Zusammensetzung:	Kalium-Aluminium-Silicat
Transparenz:	undurchsichtig
Farbe:	grün, grünblau
Sternzeichen:	Jungfrau
Element:	Luft
Chakras:	Herz, Drittes Auge, Scheitel

Der Amazonit ist ein undurchsichtiger, grüner bis blaugrüner Feldspat. Sein Name kommt von Amazonien.

Die Edelsteinessenz des Amazonits
gleicht das Nervensystem und den Muskeltonus aus. Dreimal täglich genommen, verbessert sie die Kalium- und Kalziumaufnahme des Körpers.

Bewußter wird die Vielschichtigkeit der eigenen Persönlichkeit und die Verbundenheit mit der Umwelt. Der Zugang zum Wesen der Steine und Pflanzen wird erleichtert.

Affirmation: Ich fühle mich wohl im Fluß des Lebens.

Entsprechende Orchidee: Deva-Orchid

Amethyst

Kristallsystem:	trigonal
Härte:	7
Chemische Formel:	SiO_2
Zusammensetzung:	Siliciumdioxid
Transparenz:	transparent
Farbe:	violett, blaß rot-violett
Sternzeichen:	Fische, Jungfrau, Wassermann, Steinbock
Element:	Luft
Chakras:	Drittes Auge, Scheitel

Der Amethyst ist ein schwach- bis dunkelvioletter Edelstein mit gut ausgebildeten Spitzen. Manchmal wächst er in hellvioletten Gruppen oder auch als Zepterquarz.

Die Edelsteinessenz des Amethysts
hat eine sanfte, beruhigende Schwingung. Sie erleichtert den Kontakt zum Unbewußten und zur Seelenebene. Dadurch wird im körperlichen Bereich Ausgleich geschaffen bei Schlafstörungen und bei übermäßiger Verstandesbetonung, die sich in Kopfschmerzen, Migräne, Nervenschmerzen und Arthritis äußern kann.

Das Elixier stärkt die endokrinen Drüsen und das Nervensystem. Der Amethyst schafft also besseren Zugang zur intuitiven und zur Traumebene.

Die Einnahme der Amethystessenz ist eine ideale Vorbereitung zur Meditation; es reicht aber auch, nur die Flasche mit der Essenz bei der Meditation in der Hand zu halten. Schlafstörungen und Streßauswirkungen werden abgebaut.

Die spirituelle Entwicklung wird gefördert, denn das sechste und siebente Chakra werden besonders angeregt und geöffnet.

Affirmation: Ich bin erfüllt von Licht und Liebe.

Entsprechende Orchidee: Psycho-Orchid

Aquamarin

Kristallsystem:	hexagonal
Härte:	7,5–8
Chemische Formel:	$Al_2Be_3(Si_6O_{18})$
Zusammensetzung:	Aluminium-Beryllium-Silicat
Transparenz:	durchsichtig bis undurchsichtig
Farbe:	hellblau, blaugrün
Sternzeichen:	Zwillinge, Fische, Widder
Element:	Wasser
Chakras:	Hals, Drittes Auge

Der Aquamarin hat ein sanftes, transparentes, helles Blau bis Blaugrün. Er wächst in sechsseitigen, säulenförmigen Prismen.

Die Edelsteinessenz des Aquamarins
Der Name des Aquamarins (lat. Wasser des Meeres) deutet seine Wirkung schon an. Er spült auf sanfte, aber nachhaltige Art Stauungen und Blockaden weg, reinigt, klärt und bringt Licht in Körper und Aura. Besonders wirkt er im Hals- und Kopfbereich. Die Ausdrucksfähigkeit über die Sprache wird gestärkt. Die Gefühle fließen leichter nach außen. Belastungen lassen sich mitteilen und so abbauen.

Aquamarinelixier beruhigt und »glättet die Wogen«. Es unterstützt die Arbeit der reinigenden Organe des Körpers wie Leber, Nieren, Milz und Lymphen. Der Verstand kann »kühler« arbeiten, und die Gedanken werden klar. Aquamarin erfrischt die Augen, und auch das »intuitive Sehen« wird unterstützt.

Affirmation: Ich kann meine Gefühle liebevoll und frei ausdrücken.

Entsprechende Essenz: Amazonas-Flußpräparat

Bergkristall

Kristallsystem:	trigonal
Härte:	7
Chemische Formel:	SiO_2
Zusammensetzung:	Siliciumdioxid (Kieselsäure)
Transparenz:	durchsichtig
Farbe:	farblos
Sternzeichen:	alle Sternzeichen
Element:	Wasser
Chakras:	alle Chakras

Der Bergkristall wächst in sechsseitigen Prismen. Sein Name kommt von *krystallos* (griech. Eis), da er so klar ist. Er hat piezoelektrische und pyroelektrische Eigenschaften, das heißt, wenn dem Kristall Hitze oder Druck zugeführt wird, gibt er diese Energie verändert wieder ab. Aus Druckenergie wird Elektrizität. (Dieses Prinzip wird zum Beispiel für moderne Feuerzeuge verwendet.) Das ermöglicht Energieumwandlung, -konzentrierung und -verstärkung. Auch die körpereigenen Energien werden durch den Bergkristall geklärt und aktiviert. Das Scheitelchakra kann mit dem Bergkristall stimuliert und geöffnet werden. Dadurch verbessert sich der Kontakt zum höheren Selbst, vorausgesetzt, man ist bereit, die innere Führung anzunehmen.

Bergkristalle wachsen oft in Höhlen als Gruppen oder Spitzen aus dem Untergestein. Kleine kugelförmige »Höhlen«, die mit Kristallen ausgekleidet sind, nennt man Geoden. Diese Bergkristallgeoden sind gut geeignet für die Herstellung von Orchideen- und Blütenessenzen. Die Schwingung der Pflanze wird durch den Bergkristall in das Wasser geleitet und festgehalten. Das ist eine sehr einfühlsame Methode, die die Pflanze nicht beschädigt. Dadurch wird auch keine Schmerzschwingung, wie sie beim Abpflücken von Pflanzen entsteht, in die Essenz geleitet.

Eine Besonderheit unter den Bergkristallen stellt die Doppelspitze dar: ein Kristall mit jeweils einer Spitze an beiden Enden. Dieser Kristall übermittelt alle Eigenschaften des Bergkristalls verstärkt und gleicht die Polaritäten aus. Er harmonisiert, verbindet die Chakras und löst Spannungen auf.

Die Edelsteinessenz des Bergkristalls
hat eine reinigende, entgiftende Wirkung im körperlichen und seelischen Bereich. Sie ordnet und klärt aufgenommene Energien. Die lichtvolle Schwingung stärkt und schützt das körpereigene Energiefeld (Aura). Der Zugang zur Intuition und zum höheren Selbst wird erleichtert. Im Körper unterstützt das Bergkristallelixier durch reinigende und entgiftende Eigenschaften Haut, Haare und Knochen in ihrer Funktion. Ebenso werden Drüsen, Lunge, Herz und das Nervensystem stimuliert und harmonisiert.

Affirmation: Mein höheres Selbst leitet mich.

Entsprechende Orchidee: Higher Self-Orchid

Diamant

Kristallsystem:	kubisch
Härte:	10
Chemische Formel:	C
Zusammensetzung:	kristallisierter Kohlenstoff
Transparenz:	transparent
Farbe:	farblos, gelb, braun, blau, rosa, schwarz
Sternzeichen:	Widder, Stier, Löwe
Element:	Feuer
Chakras:	Drittes Auge, Scheitel

Der Name des Diamanten kommt von seiner Härte (griech. *adamas* = der Unbezwingbare). Das härteste bekannte Material ist der Kohlenstoff des Diamanten. Der Diamant kommt außer in farblos in vielen Farben wie gelb, braun, blau, rosa und schwarz vor. Er gilt wegen seines Glanzes und seiner Lichtbrechung als König der Edelsteine. Er wächst in verschiedenen Formen wie Oktaedern und Würfeln.

Die Edelsteinessenz des Diamanten
bringt Licht in die Schatten der Seele. Klarheit und Erkenntnis unterstützen die Selbstverwirklichung. Geist und Körper werden gereinigt. Bei Meditation und Channeling verhilft das Diamantelixier zu klaren Durchsagen, zu guter Verbindung zum höheren Selbst und zum Kosmos. Es macht die Wahrheit sichtbar und reißt die selbsterrichteten Grenzen in den Beziehungen zu den Mitmenschen ein. Wir sehen in das Innere unseres Wesens.

Affirmation: Ich liebe mich und meine Mitmenschen, auch wenn ich die Schwachstellen erkenne.

Entsprechende Orchidee: Channeling-Orchid

Elestial-Kristall
Skelettquarz

Kristallsystem:	trigonal
Härte:	7
Chemische Formel:	SiO_2
Zusammensetzung:	Siliciumdioxid
Transparenz:	durchsichtig bis undurchsichtig
Farbe:	farblos, hell- bis dunkelbraun
Sternzeichen:	alle Sternzeichen
Element:	Feuer
Chakras:	Füße, Basis, Solarplexus, Scheitel

Beim Skelettquarz sind über Körper und Facetten Spitzen (meist abgeflacht) verteilt. Meist ist er hell- bis dunkelbraun wie Rauchquarz. Oft ist er einendig, und manchmal hat er mehrere Spitzen, die abgeflacht sind und wie gepreßt aussehen.

Die Edelsteinessenz des Elestial-Kristalls
ist anspruchsvoll und sollte daher sehr bewußt eingesetzt werden. Diese Kristallessenz macht klar, wo »unsere« Wahrheit nicht mit der universellen Wahrheit übereinstimmt. Dazu sollte man vorbereitet sein. Es werden Umwandlungsprozesse ausgelöst, um die Harmonie wieder herzustellen.

Mit dem Loslassen alter Muster und Vorstellungen können schmerzhafte und harte Entwicklungsschritte verbunden sein. Blockaden in den Energiezentren werden gelöst, die Galle von alter Wut entstaut und die Gehirntätigkeit ausgeglichen. Das Elestialelixier erleichtert die notwendigen Veränderungen zur nächsten Entwicklungsstufe.

Affirmation: Ich lasse meine aufgestauten Energien und Emotionen los und bin offen für neue Erfahrungen.

Entsprechende Orchidee: Aggression-Orchid

Hämatit

Kristallsystem:	trigonal
Härte:	5,5–6,5
Chemische Formel:	Fe_2O_3
Zusammensetzung:	Eisen (III)-Oxid
Transparenz:	undurchsichtig
Farbe:	schwarz-silbrig glänzend
Sternzeichen:	Widder, Wassermann
Element:	Feuer
Chakras:	Basis

Der Hämatit wächst meist in nierenförmigen Knollen oder in tafeligen Kristallen. Die Hämatitknollen werden bei den nordamerikanischen Indianern als Zauberstein verwendet. Obwohl er schwarz-silbrig glänzend aussieht, ist er eigentlich rot. Beim Schleifen färbt sich das Kühlwasser blutrot. Daher stammt sein Name (griech. *haima* = Blut); in Deutschland heißt er auch Blutstein.

Die Edelsteinessenz des Hämatits
aktiviert das Blut und regt es zu vermehrter Sauerstoffaufnahme an. Körper, Haut und Organe werden erfrischt und belebt. Geist und Intuition arbeiten besser.

Im seelischen Bereich wird das Selbstvertrauen gestärkt. Das Elixier hilft, Gedanken zu klären und das Denkvermögen zu verbessern. Die Grenzen des Geistes lassen sich erweitern, und man versteht, daß die einzige Begrenzung die selbstaufgebaute Grenze des eigenen Geistes ist. Die Fülle des Universums steht zur Verfügung. Körper, Geist und Seele kommen mehr ins Gleichgewicht. Die eigenen Gefühle werden klarer und verständlicher.

Affirmation: Die Fülle des Lebens aktiviert mich.

Entsprechende Orchidee: Füllhorn-Cattleya

Mondstein

Kristallsystem:	monoklin
Härte:	6–6,5
Chemische Formel:	K (AlSi$_3$O$_8$)
Zusammensetzung:	Kalium-Aluminium-Silicat
Transparenz:	durchscheinend
Farbe:	farblos, gelb, blaßblau, orange
Sternzeichen:	Krebs, Waage, Skorpion
Element:	Wasser
Chakras:	Solarplexus, Hals, Drittes Auge

Der Mondstein ist ein farbloser, gelber, blaßblauer, rosa-oder orangefarbener Feldspat. Er hat einen bläulich schimmernden, perlenden Glanz.

Die Edelsteinessenz des Mondsteins
regt den Lymphfluß an und damit die Entgiftung des Körpers. Sie fördert die weiblichen, inspirativen, träumerischen Aspekte im Menschen. Selbstausdruck und Kreativität werden gestärkt, die eigenen Gefühle besser erkannt und angenommen. Träume, die das Gefühlsleben zum Ausdruck bringen, werden bewußter. Auch die Gefühle anderer kann man leichter verstehen.

Affirmation: Ich achte auf meine Gefühle und akzeptiere sie. Ich habe Verständnis für andere.

Entsprechende Orchidee: Inspiration-Orchid

Olivin
Peridot, Chrysolith

Kristallsystem:	rhombisch (Prismen)
Härte:	6,5–7
Chemische Formel:	$(Mg, Fe)_2SiO_4$
Zusammensetzung:	Magnesium-Eisen-Silicat
Transparenz:	durchsichtig
Farbe:	olivgrün, gelbgrün
Sternzeichen:	Jungfrau, Löwe, Skorpion, Schütze
Element:	Feuer
Chakras:	Solarplexus, Herz

Der Olivin ist meist gelbgrün, olivgrün (Name) oder bräunlich und wächst in kurzen rhombischen Prismen. Er wird auch Peridot oder Chrysolith genannt.

Die Edelsteinessenz des Olivins
vermittelt eine leichte, freudige Schwingung. Die Freude strahlt wie die Sonne in uns und nach außen, und wir erkennen sie auch in den anderen wieder. Diese Gefühle sollten dann auch zum Ausdruck gebracht werden.

Herz- und Solarplexuschakra mit den entsprechenden Organen werden angeregt und gereinigt und öffnen sich für Freude und Liebe. Anspannung und Verkrampfungen lösen sich. Dadurch strömen die Körperenergien besser.

Affirmation: Meine Freude strahlt nach außen.

Entsprechende Orchidee: Fun-Orchid

Rauchquarz

Kristallsystem:	trigonal
Härte:	7
Chemische Formel:	SiO_2
Zusammensetzung:	Siliciumdioxid
Transparenz:	durchsichtig bis undurchsichtig
Farbe:	hellbraun, dunkelbraun
Sternzeichen:	Steinbock, Schütze
Element:	Wasser
Chakras:	Basis, Milz, Solarplexus

Von seiner rauchig hell- bis dunkelbraunen Farbe hat der Rauchquarz seinen Namen. Manchmal trägt er Rutileinschlüsse in sich. Er wächst meist in Kristallform.

Die Edelsteinessenz des Rauchquarz
gibt die nötige Stabilität, um sich neuen Erfahrungen zu öffnen und auch die eigenen Schattenseiten und Erfahrungen aus früheren Leben anzuschauen und zu akzeptieren. Wir erkennen, daß Lernprozesse, auch wenn sie manchmal schmerzen, notwendig sind. Gefühle werden geordnet, und man lernt, sich selbst so zu akzeptieren, wie man ist. So fördert Rauchquarz das Gleichgewicht von Körper und Seele.

Affirmation: Durch jede Erfahrung lerne ich, mich besser zu verstehen.

Entsprechende Orchidee: Past Life-Orchid

Rosenquarz

Kristallsystem:	trigonal
Härte:	7
Chemische Formel:	SiO_2
Zusammensetzung:	Siliciumdioxid
Transparenz:	durchsichtig
Farbe:	rosa
Sternzeichen:	Stier, Waage
Element:	Wasser
Chakras:	Herz, Scheitel

Rosenquarz wächst in verschiedenen mikrokristallinen Formen, seltener als größerer Kristall. Seine Farbe geht vom sanften Rosa bis zum Weißlich-Rosa.

Die Edelsteinessenz des Rosenquarz
löst Negativität durch sanfte Liebe auf und stärkt die Selbstliebe. Sie bringt eine sanfte, ruhige, liebevolle Schwingung nach chaotischen Situationen und lehrt Verständnis für Musik, Kunst, Schönheit und Kreativität.

Zum Ausgleich, zur Klärung und Heilung des Emotionalkörpers ist sie gut geeignet.

Rosenquarzelixier unterstützt den Herzrhythmus und bringt Freude, Lächeln und Liebe ins Leben. Es unterstützt den Heilenden bei seiner Arbeit.

Affirmation: Ich öffne mein Herz für die Schönheiten des Lebens.

Entsprechende Orchidee: Heart-Orchid

Rubin

Kristallsystem:	trigonal
Härte:	9
Chemische Formel:	Al_2O_3
Zusammensetzung:	Aluminiumoxid
Transparenz:	durchsichtig bis undurchsichtig
Farbe:	rot
Sternzeichen:	Löwe, Skorpion, Krebs, Schütze
Element:	Feuer
Chakras:	Basis, Herz

Den Namen hat der Rubin von seiner Farbe (lat. *rubens* = rot), die durch Chrom entsteht. Rutileinschlüsse verursachen manchmal einen schillernden Katzenaugen- oder sechsstrahligen Sterneffekt. Durch den Schliff gewinnt der Rubin einen Glanz wie der Diamant.

Die Edelsteinessenz des Rubins
stimuliert und stabilisiert das Basis- und Herzchakra. Sie regt die Lebenskraft an. Das Herz wird gestärkt und kommt in Balance. Die Selbstliebe und die Liebe zum Nächsten werden angeregt. Körperliche und geistige Liebe fließen harmonisch zusammen.

Die feurige Energie des Rubins gibt die Kraft, das zu leben, was man im innersten Wesen darstellt. Emotionsstauungen können sich lösen.

Affirmation: Ich lebe das, was ich wirklich bin.

Entsprechende Blütenessenz: Victoria Regia

Rutilquarz

Kristallsystem:	trigonal
Härte:	6–7
Chemische Formel:	SiO_2+TiO_2
Zusammensetzung:	Kieselsäure mit Titanoxid
Transparenz:	durchsichtig
Farbe:	farblos bis rauchig-braun
Sternzeichen:	Zwillinge, Stier
Element:	Feuer
Chakras:	alle Chakras

Der Bergkristall oder Rauchquarz mit eingelagertem Rutil wächst in sechseitigen Prismen und ist farblos oder hell- bis dunkelbraun mit gelben, goldenen, bräunlichen oder rötlichen Rutilnadeln.

Die Edelsteinessenz des Rutilquarz
hilft uns, die Wurzeln der Probleme zu finden. Die Rutilnadeln sehen oft wie Sonnenstrahlen aus. So wird auch Licht in die dunklen Winkel der Seele geleitet, und Erkenntnis leuchtet auf. Auch bei Träumen und Astralreisen schenkt der Rutilquarz größere Klarheit und stärkt das Erinnerungsvermögen.

  Der Solarplexus als Zentrum des Gefühlsempfindens wird gestärkt, Emotionen werden klarer verspürt, und belastende Gefühle können gelöst werden.

Affirmation: Lichtvolle Gedanken durchfluten mich.

Entsprechende Orchidee: Sun-Orchid

Smaragd

Kristallsystem:	hexagonal
Härte:	7,5–8
Chemische Formel:	$Al_2Be_3(Si_6O_{18})$
Zusammensetzung:	Aluminium-Beryllium-Silicat
Transparenz:	durchsichtig bis undurchsichtig
Farbe:	grün
Sternzeichen:	Stier, Zwilling, Widder
Element:	Luft
Chakras:	Herz, Drittes Auge

Der Smaragd wächst in stengelförmigen, sechseitigen Prismen und bekommt seine Farbe durch Chrom oder Vanadium. Er ist von einem herrlichen, typischen Grün und transparent bis undurchsichtig.

Als Besonderheit ist der Trapichesmaragd mit einem eingewachsenen, sechsstrahligen Stern bekannt. Er kommt aus Kolumbien und wird von den Indianern als besonderer Heilstein geschätzt.

Die Edelsteinessenz des Smaragds
öffnet das Herz für die Vielfalt des Lebens. Es fällt leichter, Energien zu akzeptieren, die nicht mit den eigenen Gedankenmustern übereinstimmen. Liebe, als Gefühl der Verbundenheit mit allem, erfüllt das Herz. Das dritte Auge, das Tor zu den unbewußten Fähigkeiten und zur Intuition, wird aktiviert. Das erweiterte Verständnis regt die Zellbildung an. Alte Muster werden gelöst. Die Verbindung zum höheren Selbst wird klarer.

Die liebevolle, harmonische Schwingung dieses Elixiers

erfrisch und regeneriert Körper und Geist. Die Persönlichkeit wird gefestigt, Ängste werden gelindert oder beseitigt.

Affirmation: Liebe löst alle Ängste.

Entsprechende Orchidee: Venus-Orchid

Topas *goldfarben*
Edeltopas

Kristallsystem:	rhombisch
Härte:	8
Chemische Formel:	$Al_2(SiO_4)(F,OH)_2$
Zusammensetzung:	fluorithaltiges Aluminium-Silicat
Transparenz:	durchsichtig
Farbe:	goldgelb bis orange
Sternzeichen:	Schütze, Löwe, Fische
Element:	Luft
Chakras:	Solarplexus, Drittes Auge

Der goldgelb bis orangefarbene Edeltopas wächst in Form von prismatischen Kristallen. Der Topas kommt auch in farblos, rotbraun, rosarot, hellblau und blaßgrün vor. Gelbe Topase verändern ihre Farbe bei Hitzeeinwirkung, und blaue Topase werden oft zur Farbintensivierung bestrahlt. Wir sprechen hier vom natürlichen goldfarbenen Topas.

Die Edelsteinessenz des Topas
ersetzt Negativität durch Freude und Liebe. Sie läßt die Gefühle vom Sonnengeflecht zum Dritten Auge aufsteigen: von der inneren Sonne, der Gefühlswelt, zur Ebene des Verstandes. Das Bewußtsein wird von sonnengleicher Energie durchflutet, und versteckte und verdrängte Gefühle werden bewußter. Die Welt erscheint farbiger und lebendiger.

Topasessenz regt die Verdauungs- und Entgiftungsorgane des Körpers an. Nervensystem und Sonnengeflecht werden stimuliert und ausgeglichen.

Affirmation: Ich lasse meine Gefühle zu und bringe Freude in mein Leben.

Entsprechende Orchidee: Colour-Orchid

Turmalin *blau*
Indigolith

Kristallsystem:	trigonal
Härte:	7–7,5
Chemische Formel:	(Na, Li, Ca) (Fe^{II}, Mg, Mn, Al)$_3$ Al$_6$ ((OH)$_4$/(BO$_3$)$_3$/Si$_6$O$_{18}$)
Zusammensetzung:	Aluminium-Borat-Silicat
Transparenz:	durchsichtig bis undurchsichtig
Farbe:	alle Blautönungen
Sternzeichen:	Stier
Element:	Wasser
Chakras:	Solarplexus, Hals, Drittes Auge

Der blaue Turmalin kommt in allen Blautönungen vor. Er wächst in langgestreckten Stäben in verschiedener Stärke. Der Indigolith kommt seltener vor als der schwarze, rosa und grüne Turmalin.

Die Edelsteinessenz des Indigoliths
löst im Solarplexus gestaute Emotionen, die dann über die Sprache zum Ausdruck gebracht werden können. Sie unterstützt die Schilddrüse und stärkt die Lungen. Ihre Energie spricht die weibliche, oft unterdrückte Seite im Menschen an. Sie verhilft zu gutem Schlaf, lindert Depressionen und wirkt Streß entgegen.

Die Essenz des blauen Turmalins macht sensibler für die feinen Schwingungen der Engel.

Affirmation: Durch das Ausdrücken meiner Probleme fühle ich mich leicht und frei.

Entsprechende Orchidee: Angel-Orchid

Turmalin *rosa*
Rubellit

Kristallsystem:	trigonal
Härte:	7–7,5
Chemische Formel:	(Na, Li, Ca) (Fe^{II}, Mg, Mn, Al)$_3$ Al$_6$ ((OH)$_4$/(BO$_3$)$_3$/Si$_6$O$_{18}$)
Zusammensetzung:	Aluminium-Borat-Silicat
Transparenz:	durchsichtig bis undurchsichtig
Farbe:	rosa bis rot
Sternzeichen:	Schütze, Skorpion
Element:	Wasser
Chakras:	Milz, Herz, Solarplexus

Der Rubellit wächst meist in langgestreckten Stäben. Er tritt in vielen verschiedenen Farbtönungen von rosa bis rot auf, manchmal mit einem leichten Violettstich. Der rosa Turmalin hat eine junge Vergangenheit und findet in der heutigen hektischen und problematischen Zeit verstärkt Zugang zu den Menschen.

Die Edelsteinessenz des Rubellits
befreit den Herzbereich von Stauungen, die auf negativen Lebenserfahrungen beruhen. Sie öffnet das zurückhaltende Herz, heilt alte Wunden und läßt Leichtigkeit und Fröhlichkeit einkehren. Herzblockaden, die bereits im physischen Bereich spürbar sind, lösen sich, wobei das im Turmalin enthaltene Lithium tätig wird.

Vorurteile bauen sich ab. Höheres Wissen wird zuteil, und ein Neubeginn veranlaßt zu liebevollen, vom Herzen bestimmten Handlungen. Selbstvertrauen steuert zu neuen Taten.

Affirmation: Ich öffne mein Herz liebevoll und nehme mich und andere an.

Entsprechende Orchidee: Love-Orchid

Turmalin *schwarz*
Schörl

Kristallsystem:	trigonal
Härte:	7–7,5
Chemische Formel:	$NaFe_3 (Al, Fe^{3+})_6((OH)_4/$
	$(BO_3)_3/Si_6O_{18})$
Zusammensetzung:	Aluminium-Borat-Silicat
Transparenz:	undurchsichtig
Farbe:	schwarz
Sternzeichen:	Steinbock
Element:	Erde
Chakras:	Füße, Basis

Der schwarze Turmalin, auch als Schörl bekannt, wächst in langen Stäben verschiedener Durchmesser. Er ist undurchsichtig und hat eine längsseitig gerippte Struktur.

Die Edelsteinessenz des Schörl
stärkt die Erdverbundenheit und eignet sich besonders für Menschen, die nicht im Hier und Jetzt leben. Sie wirkt entgiftend auf die Nieren und den Darmtrakt. Bei Überbelastung durch Strahlen von Computern, elektrischen Geräten und Bildschirmen bietet sie Hilfe und baut auch negative Schwingungen in Körper und Geist ab. Das Immunsystem wird angeregt. Die eigenen Schattenseiten werden bewußter und können angenommen werden.

Affirmation: Mein Schutzengel führt mich sicher durch den Tag.

Entsprechende Orchidee: Angel of Protection-Orchid

Wassermelonen-Turmalin

Kristallsystem:	trigonal
Härte:	7–7,5
Chemische Formel:	$(Na, Li, Ca)(Fe^{II}, Mg, Mn, Al)_3 Al_6$ $((OH)_4/(BO_3)_3/Si_6 O_{18})$
Zusammensetzung:	Aluminium-Borat-Silicat
Transparenz:	transparent bis durchscheinend
Farbe:	grün-rosa
Sternzeichen:	Jungfrau, Zwillinge
Element:	Wasser
Chakras:	Milz, Herz, Solarplexus

Der Wassermelonen-Turmalin ist von ungewöhnlicher Schönheit. Er wächst meist in langgestreckten Stäben. Mit seinem blattgrünen Rand und dem darin eingebetteten rosaroten Kern sieht er aus wie eine aufgeschnittene Wassermelone.

Die Edelsteinessenz des Wassermelonen-Turmalins
Die Farben Grün und Rosa dieses Turmalins werden dem Herzen zugeordnet. Das ausgleichende Grün spricht die Selbstheilungskräfte an, und das Rosa hilft, das verwundete Herz zu heilen, zu öffnen und alte Blockaden zu lösen.

Die Essenz regt die Zellbildung an. Störungen des seelischen Bereichs verursachen manchmal eine Fehlbildung des Zellwachstums. Mit dem Elixier und dem Tragen eines Wassermelonen-Turmalins wird eine Zellerneuerung begünstigt. Besonders zur Vorbeugung und auch bei Krebsgefahr

unterstützen der Stein und die Essenz andere Behandlungs-
methoden.

Affirmation: Liebevoll löse ich mich von meinen Belastungen und fühle mich eingebettet in die göttliche Liebe.

Entsprechende Orchidee: Coordination-Orchid

Zitrin

Kristallsystem:	trigonal
Härte:	7
Chemische Formel:	SiO_2
Zusammensetzung:	Siliciumdioxid
Transparenz:	durchsichtig
Farbe:	gelb, rotbraun
Sternzeichen:	Zwillinge, Widder, Löwe, Waage
Element:	Luft
Chakras:	Milz, Solarplexus, Drittes Auge, Scheitel

Die meisten Zitrine werden aus dem Amethyst oder Rauch-quarz gebrannt. Bei 470 Grad verändert der Amethyst seine Farbe in hellgelb und bei 550 bis 560 Grad in dunkelgelb bis rotbraun. Rauchquarz wird schon bei 300 bis 400 Grad zitrinfarben. Natürliche Zitrine sind eher blaßgelb und seltener.

Die Edelsteinessenz des Zitrins
balanciert die emotionale Ebene im Solarplexus aus und stärkt Selbstvertrauen, Intuition und Gemeinschaftssinn. Sie läßt uns die Schönheit und Freude im Leben erkennen und gibt Mut zum Neubeginn.

Im körperlichen Bereich werden Verdauung, Blutzirkula-tion, die Reinigungsorgane des Körpers und die Nerven an-geregt. Drittes Auge und Scheitelchakra werden stimuliert und geklärt und dadurch Intuition und Verstand ausbalan-ciert. Die Verbindung zum höheren Selbst wird gestärkt.

Affirmation: Freude durchflutet mich und öffnet mir die Türen.

Entsprechende Orchidee: Chocolate-Orchid

Die Orchideen und ihre Essenzen

Die Orchideen

In Europa einschließlich des Mittelmeergebiets treffen wir insgesamt 264 verschiedene Orchideenarten an. Auf dem Territorium von Kolumbien finden wir – weltweit gesehen – die höchste Konzentration verschiedener Tier- und Pflanzenarten, wozu auch viertausend verschiedene Orchideenarten zählen.

Orchideen gehören zu den jüngsten Pflanzenarten in der Evolution des Pflanzenreichs. Mit den auf der ganzen Welt geschützten 25 000 bis 35 000 verschiedenen Arten haben die Orchideen die höchste Ausdrucksvielfalt entwickelt. Diese reicht bis zur Imitation von Insekten, Organen und Symbolen. Besonders auffällig sind jene Orchideen, die gar soweit gehen, die Form von Engeln anzunehmen! Diese prächtige Bildersprache in ihrer Fülle an Formen und Farben weist auch auf die höchste *energetische* Spezialisation der Orchideen hin.

Die Orchideen Europas und des Mittelmeerraums sind – ebenso wie andere Pflanzen und Blumen auch – mit ihren Wurzeln in der Erde verhaftet und somit direkt mit ihr verbunden. Demnach sind sie in ihrer energetischen Wirkung direkt mit dem menschlichen Körper verbunden, das heißt, sie sprechen unsere sieben Körperchakras an und zeigen ihre Wirkung vor allem im Astralkörper. Die Orchideen des

Amazonas haben sich aufgrund der dortigen Lichtverhältnisse so weit entwickelt, daß viele Arten ihre Wurzeln nicht mehr mit der Erde verbunden haben, sondern nur noch Haftwurzeln besitzen und wie Gäste im obersten Stockwerk des feuchten Regenwalds in den Baumkronen sitzen. Hier, in fünfundzwanzig bis fünfunddreißig Metern Höhe, führen sie, wie andere Epiphyten auch, ein vom Baum unabhängiges und eigenständiges Leben.

Was heißt es nun, daß diese Pflanzen nicht mehr in einem direkten Kontakt mit der Erde stehen? Auf energetischer Ebene bedeutet dies, daß sie in ihrer Wirkungsweise auf den menschlichen Körper nicht mehr mit diesem direkt verbunden sind. Genauso, wie sie in den Baumkronen wachsen, die energetisch gesehen den Astralkörper darstellen, beginnt ihre Wirkung auch erst in diesem und geht weit darüber hinaus.

Orchideen und höhere Chakras

Über den sieben mit dem physischen Körper verbundenen Chakras befinden sich noch fünf weitere, die wir als die höheren Chakras bezeichnen. Sie wurden schon im Zusammenhang mit den Edelsteinen angesprochen. Das achte Chakra steht in Verbindung mit der rechten Gehirnhälfte, dem intuitiven Denken. An diesem Punkt, der über dem siebenten Chakra liegt, ist die Seele mit der Monade (griech. Einheit) verbunden. Das neunte Chakra entspricht dem Dritten Auge und der linken Gehirnhälfte, die für das logische Denken zuständig ist. Dem zehnten Chakra ist eine übergeordnete Qualität der Kreativität zugeordnet. Das elfte Chakra ist das Zentrum, das mit jedem Zellkern unseres physischen Körpers verbunden ist. Es ist für dessen Formgebung verantwortlich. Das zwölfte Chakra stellt die direkte Verbindung zur göttlichen Quelle dar.

Die als Epiphyten wachsenden Orchideen sind in ihrer Wirkung mit den höheren Chakras verbunden. Sie stellen so den Kontakt des Menschen und der Erde mit dem Kosmos und den verschiedenen Bereichen der unsichtbaren Welt der Engel dar. Sie können als höchste Entwicklungsstufe pflanzlicher Evolution angesehen werden.

Die Orchideenessenzen

Die Orchideenessenzen stellen in ihrer Gesamtheit die bisher höchsten uns bekannten Energien unter den Essenzen dar. So wissen wir heute, daß die Wirkung der Edelsteinessenzen sich in erster Linie auf dem Niveau des physischen Körpers bemerkbar macht. Doch der Übergang zu den Blütenessenzen ist fließend. Die opaken, undurchsichtigen Steine, wie zum Beispiel der schwarze Turmalin oder der Obsidian, wirken in erster Linie auf den physischen Bereich des menschlichen Körpers. Die klaren, durchsichtigen Steine, wie zum Beispiel der Quarz oder der Diamant, beeinflussen sowohl den physischen Bereich des Körpers als auch weitgehend den seelisch-spirituellen Bereich. Die Steine kommen ja auch aus dem Bauch der Erde, das heißt aus dem physischen Bereich zu uns.

Die Blumen, Sträucher und Bäume sind mit ihren Wurzeln in der Erde und somit auch mit dem physischen Bereich verbunden. Die Blütenessenzen zeigen deshalb durchaus eine Wirkung auf die verschiedenen Körperchakras. Allgemein gesehen ist ihr physischer Aspekt aber von weitaus geringerer Bedeutung als bei den Edelsteinessenzen. Die Pflanzen sind zwar noch mit der Erde verbunden, wachsen aber senkrecht über die Erdoberfläche hinaus, genauso senkrecht wie auch der Mensch auf der Erde steht. Ihre Hauptenergie konzentriert sich im oberen Bereich, in der Blüte, die die Fortpflanzungsorgane enthält. Energetisch gesehen geht ihre Wirkung auch über die Hautoberfläche des physischen Körpers hinaus, hinein in den feinstofflichen Bereich des Körpers.

Auch innerhalb des Pflanzenreichs gibt es eine Evolutionshierarchie. Algen oder Giftpflanzen können wir in diesem Zusammenhang eher als »niederere Pflanzen« bezeichnen. Ihre Wirkung liegt auch meist im unteren Energieniveau. Danach folgen die Pflanzen, die eine Wirkung auf unsere unteren Körperchakras haben, wie zum Beispiel das Basilikum (*Basilicum officinalis*), das auf unser Milzchakra wirkt, oder die Waldrebe (*Clematis vitalba*), die unsere Füße stimuliert. Pflanzen, die auf die zentralen Bereiche Solarplexus und Herz wirken, sind zum Beispiel die Sonnenblume (*Helianthus annuus*) oder die Stechpalme (*Ilex aquifolium*). Im Anschluß daran kommen wir in den spirituellen, astralen Bereich. Seine Blüten, wie zum Beispiel der Salbei (*Salvia officinalis*) oder die Passionsblume (*Passionaria Hybride*) bezeichnen wir schon als »höhere Pflanzen«. Sie stimulieren die höheren Körperchakras.

Als sogenannte »Übergangsblüten« zwischen den Blütenessenzen und den Orchideenessenzen können wir die Blüten einordnen, die schon sehr hoch in den Astralkörper hineinschwingen. Hier finden wir Blüten wie den Lotus (*Nelumbo nucifera*) oder die Victoria Regia (*Victoria amazonica*). Die Familie der *Orchideace*, der Orchideen, ist die »jüngste« Entwicklung in der Evolutionsgeschichte des Pflanzenreichs, genauso wie auch der Mensch die höchste Spezialisationsstufe unter den Säugetieren erreicht hat.

Die Orchideen des Amazonas sind zumeist sogenannte Epiphytengewächse. Sie wachsen *auf* den Bäumen und haben keinen direkten Kontakt mehr mit der Erde. Sie leben, energetisch gesehen, *über* dem Astralkörper, der durch den Baum repräsentiert wird. Diese Orchideen schwingen im Engelbereich und stellen die Verbindung Kosmos – Mensch – Erde her. Sie bringen uns in Kontakt mit den verschiedenen Ebenen der kosmischen Liebe der Engel und lassen uns diese Erfahrung der Liebe an die Erde weitergeben, wodurch sie helfen, uns selbst und den ganzen Planeten zu heilen.

Es ist kein Zufall, daß wir gerade im beginnenden Wassermannzeitalter auf die Orchideenessenzen aufmerksam werden. Genauso, wie sich immer mehr Menschen spirituell entwickeln, werden auch immer mehr Menschen auf die Orchideenessenzen ansprechen, die eben diese Evolution beschleunigen. Diese Essenzen sind 1990 hergestellt worden. Bei ihrer weiteren Erforschung befinden wir uns wegen der großen Anzahl von Orchideen noch ganz am Anfang, doch werden wir auch hier in dem Maße fortschreiten, wie es die Entwicklung unseres Planeten tut.

Bei den folgenden Beschreibungen handelt es sich um die direkte Botschaft der Devas der Orchideen, erhalten während der Herstellung der Essenzen. Wir nehmen jedoch an, daß ihr Wirkungsspektrum noch umfassender ist und daß wir im Laufe der Zeit noch mehr Informationen dazugewinnen werden. Vor der Anwendung ist es daher ratsam, die Essenzen – wie bereits beschrieben – immer durch einen der intuitiven Tests zu prüfen.

Energieniveaus

Orchideenessenzen	höhere Chakras; Engelbereich
Höhere Blütenessenzen	obere Körperchakras
Zentrale Blütenessenzen	Herzchakra, Solarplexus
Untere Blütenessenzen	untere Körperchakras
Höhere Edelsteinessenzen	physischer und seelisch-geistiger Bereich
Untere Edelsteinessenzen	physischer Bereich

Herstellung der Orchideenessenzen

Da wir es bei den Orchideen mit ganz besonders hoch entwickelten Pflanzen zu tun haben, ist es ein absolutes Gebot,
diese Essenzen in einer Form herzustellen, bei der die Pflanze
nicht beschädigt wird. Im Gegensatz zu den Edelsteinessenzen sind die Orchideenessenzen nicht für eigene Herstellung
gedacht. Alle Orchideenessenzen können bezogen werden
über die Firma

PHI Interservices S. A.
19, Rue de la Croix d'Or
CH–1204 Genf
Fax 00 41 –22–21 04 20.

Andreas hat in Zusammenarbeit mit Forschern in Paris eine
Technik entwickelt,

bei der auf das Pflücken der Blüten völlig verzichtet wird.

Nur der energetische Körper der Blüten wird einbezogen. Essenzen nach dieser Herstellungsmethode haben sich, im Vergleich zu Essenzen, die am selben Tage nach der herkömmlichen Methode gewonnen wurden, als eindeutig stärker erwiesen, weil auf diese Weise die Pflanzen nicht durch das Abtrennen traumatisiert werden und sie ihr volles Energieniveau bewahren können, welches sie dann an die Essenz abgeben.

Die Kristallmethode
zur Herstellung von Essenzen zielt darauf ab, die Blüten, die den höchsten Ausdruck des Pflanzenreichs darstellen, und den Kristall, der die höchste Entwicklungsstufe des Mineralreichs ist, miteinander zur Essenzgewinnung zu verbinden. Hierzu wird eine Quarzkristallgeode verwendet, die entsprechend vorbereitet wird.

Die anderen Bedingungen zur Herstellung der Blütenessenzen unterscheiden sich nicht von der von Dr. Edward Bach entwickelten klassischen Methode. Wir benötigen hierzu

- die Blüten der gesuchten Spezies in ihrem allerbesten Zustand und in hoher Anzahl;
- einen Ort, der völlig geschützt sein muß, fern von Störfaktoren wie Straßen, Industrie, Stromleitungen oder anderen Verschmutzungsfaktoren;
- einen von der Planetenkonstellation her gesehen günstigen Zeitpunkt zur Herstellung (Vollmondphasen, aufsteigender, das heißt zunehmender Mond);
- einen blauen, sonnigen Himmel;
- daß wir uns selbst wohlfühlen, um durch unsere Schwingung den Herstellungsprozeß nicht zu beeinträchtigen.

Wenn alle diese Bedingungen erfüllt sind und wir einen geeigneten Ort gefunden haben, müssen wir uns in völlige Harmonie mit den Pflanzen bringen. Für Andreas ist dies der entscheidende Punkt. Er stellt nur Essenzen her, wenn er spürt, daß die Devas der Pflanze ihn rufen und einverstanden sind, eine Essenz herzustellen. In diesem Fall meditiert er erst eine Zeitlang mit den Pflanzen und tauscht sich mit ihnen aus. Danach tritt er in Kontakt mit den verschiedenen Elementarkräften, um ihre Hilfe zur Herstellung zu erbitten. Erst jetzt tritt er auch in Kommunikation mit der Kristallgeode, um sie für die Arbeit vorzubereiten und sich auch ihrer Mithilfe zu versichern. Dann füllt er die Geode mit klarem, reinem Quellwasser und taucht sie in den energetischen Körper der Blüten ein. Schließlich spürt er, wie die Arbeit der Devas und des Kristalls beginnt: Der energetische Körper der Pflanzen wird wie ein feuchter Schwamm ausgedrückt und ihre Energie durch den Kristall direkt in das Wasser geleitet. Nach Abschluß des Vorgangs, der einige Stunden dauert, bedankt er sich bei den Devas, dem Kristall und den Elementarkräften, bevor die Mutteressenz mit Alkohol vermischt wird.

Die neue Herstellungsmethode der Blütenessenzen arbeitet direkt mit dem energetischen Körper der Pflanzen, um dadurch ein Mittel zur Behandlung des energetischen Körpers des Menschen oder anderer Lebewesen herzustellen. Dies hat zwei entscheidende Vorteile: Zum einen wird die Pflanze dabei weder zerstört noch in Mitleidenschaft gezogen, da der energetische Körper sich in der darauffolgenden Nacht und in den Morgenstunden wieder auflädt. Zum anderen erhalten wir durch diese Herstellungsmethode eine energetisch sehr hohe Essenz, die frei ist von Schmerzschwingungen abgetrennter Blüten.

Beschreibung der Essenzen

Hinweis: Die in diesem Werk verwendeten Orchideennamen sind zum einen der wissenschaftliche botanische Name und zum anderen eine Wortschöpfung des Autors zur Bezeichnung der Orchideenessenzen (zum Beispiel *Aggression-Orchid*).

Aggression-Orchid
Asinetas superba

Asinetas superba hat senkrecht aus dem Knospenansatz wachsende, scharf linierte Blätter und wird bis zu einem halben Meter hoch. Die Blüten hängen rispenartig nach unten; aus den großen, weißen Knospen öffnen sich maulartige, rotgetupfte Blüten, die die Form eines aufgerissenes Mundes mit Zähnen und schwarzer Zunge haben. Diese Orchidee hat einen unangenehmen Geruch.

Die Essenz der Aggression-Orchid
Mit dieser Orchideenessenz ist nicht zu spaßen. Sie setzt die Blockaden im ersten Chakra frei. Sex, Gewalt und unterdrückte Aggressionen kommen durch sie hoch. Es ist wie eine Explosion, die sich ihren Weg von unten nach oben bahnt. Diese Energien, die über lange Zeit im ersten Chakra blockiert waren, müssen ausgelebt werden, damit sie transformiert werden können. Es ist wichtig, auch in unserem ersten Chakra offen zu sein, um diese Vitalenergie in einen ständigen Fluß nach oben zu leiten und schließlich mit unseren höheren Chakras zu verbinden. Nur so gewinnen wir einen ausgeglichenen Zustand. – Diese Orchidee hilft uns, unterdrückte Gefühle zuzulassen und zu integrieren.

Affirmationen: Ich lasse meine Aggressionen zu. Ich lebe meine Sexualität. Sexualität tut gut.

Entsprechender Edelstein: Elestial-Kristall

Hinweis: Diese Orchidee ist so energiereich, daß sogar der Kristall bei der Herstellung der Essenzen heiß wurde.

Amazonas-Flußpräparat

Der Amazonas durchfließt ein Waldgebiet, das aufgrund der Artenvielfalt der dort lebenden Pflanzen und Tiere als das energetisch wichtigste Gebiet der Erde eingestuft werden kann.

Die Essenz des Amazonas

Das nach der Kristallmethode hergestellte Flußpräparat bringt uns in Verbindung mit der gewaltigen Energie des Amazonas. Er führt uns in das Zentrum der Erde.

Wir entwickeln durch diese Essenz ein Verständnis für unseren Planeten und alle auf ihm lebenden Wesen. Auf physischer Ebene entspricht der Amazonas unserer Wirbelsäule; bringt unsere Lebensenergie in Fluß. Die Essenz hilft uns, Blockaden im Körper aufzulösen, die wie von dem gewaltigen Strom hinweggespült werden. Bei Rückenschmerzen hat sich die Flußessenz schon häufig bewährt.

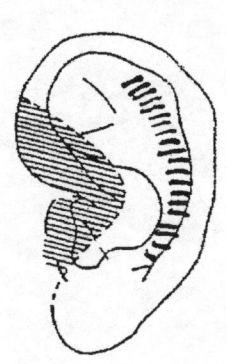

Die Essenz wird mit einem Wattestäbchen direkt auf die Ohrmuschel aufgetragen: Man stimuliert mit der Spitze des Wattestäbchens den *Fossatriangularis*, der der Wirbelsäule entspricht. So wird die Botschaft der Essenz direkt über das Nervensystem in den Rücken geleitet. Man stimuliert beide Ohren gleichzeitig. Schon nach kurzer Zeit spürt der Patient eine Wärme im Rücken; die Lebensenergie im zuvor blockierten Bereich beginnt zu zirkulieren. Wichtig: Die Essenz vorher testen.

Uns mit unserem Zentrum zu verbinden und Blockaden zu beseitigen, sind die Haupteigenschaften dieser Essenz.

Affirmationen: Ich verbinde mich mit dem Zentrum der Erde. Ich lasse meine Energien frei fließen.

Entsprechender Edelstein: Aquamarin

Angel-Orchid
Epidendron secundum

Hergestellt in den Hochanden an einem heiligen Ort der Chipcha-Indios mit dem Namen *Cucunuba* (= Ort in der Nähe der Wolken).

Von der Gattung dieser Orchidee finden wir Variationen in allerlei Farben (rot, orange, gelb, rosa, blau, weiß, hellviolett). Die verwendete Orchidee ist von hellvioletter Farbe, die zusammen mit Weiß die höchste Energiestufe darstellt.

Die Essenz der Angel-Orchid
Die Orchidee öffnet uns für die Kommunikation mit den Engeln. Da sie noch mit ihren Wurzeln in der Erde verhaftet ist, finden wir ihren Ansatzpunkt im menschlichen Körper im Dritten Auge, was auch in der Signatur der Pflanze als Punkt auf dem Zwischenstiel der Blüte zu erkennen ist. Zuerst befinden wir uns auf dem Niveau der Basisblütenblätter, treten dann durch das Dritte Auge in Kontakt mit einer aufsteigenden Energie, die unser Bewußtsein immer weiter nach oben erhebt, bis wir schließlich eins sind mit dem Niveau der Engel und mit ihnen in Kontakt treten können.

Die Blütenessenz macht uns leicht und fröhlich. Wir steigen auf in das Bewußtsein höherer Sphären und beginnen, mit den Engeln zu tanzen. Kommunikation mit den Engeln, eine Steigerung unserer körpereigenen Schwingung, Leichtigkeit und eine Bewußtseinserweiterung sind die Haupteigenschaften dieser Orchideenessenz.

Affirmation: Ich bin leicht und verbinde mich mit den Engeln.

Entsprechender Edelstein: blauer Turmalin (Indigolith)

Angel of Protection-Orchid
Miltonea phalenopsis

Diese Orchidee zeichnet sich durch ihre feine, zarte Erscheinung aus. Die hellgrünen, schmalen Blätter wachsen wie Grasbüschel, aus denen die Blütenstiele mit meistens zwei, drei Blüten entspringen. Auf den zarten, weißen, stiefmütterchenähnlichen Blüten befinden sich die Umrisse einer Gestalt in gelb, lila und orange-rötlichen Farben.

Die Essenz der Angel of Protection-Orchid
bringt uns in Kommunikation mit unserem Schutzengel.

Sie spricht insbesondere feine, sensible Personen an, die sich in der rauhen Umwelt allerlei Feindseligkeiten ausgesetzt fühlen und die dringend einen Schutzschirm um sich herum benötigen, der die negativen Schwingungen von ihnen abhält. So, wie die feine Figur von dem weißen Schirm umgeben ist, schützt uns auch unser Engel, zu dem wir mit dieser Orchidee leichter in Kontakt treten können.

Affirmation: Mein Schutzengel verbindet mich mit dem Urvertrauen.

Entsprechender Edelstein: schwarzer Turmalin (Schörl)

Channeling-Orchid
Oncidium incurvum

Diese Orchidee hat längliche, schwertförmige Blätter, aus deren Zentrum bis zu einem Meter lange Rispen mit vielen, sich zur gleichen Zeit öffnenden Blüten entspringen. Die kleinen Blüten haben die Form von kleinen Engeln mit weißen Helmen.

Die Essenz der Channeling-Orchid
Die Orchidee ist mit dem zwölften Chakra verbunden und stellt die direkte Kommunikation mit der göttlichen Quelle dar. Sie hilft uns, direkt mit unseren spirituellen Führern oder der Urquelle in Kontakt zu treten und Botschaften von dort zu erhalten, um sie durch uns hindurch mitzuteilen.

Sie spricht Menschen an, die sich der Aufgabe der medialen Übermittlung widmen und die in Phasen der Ermüdung Unterstützung benötigen. Hilfe zu leisten für die Übermittlung von Botschaften aus der geistigen Welt ist die Hauptbotschaft dieser Blütenessenz.

Affirmationen: Das Licht ist in mir. Ich höre auf meine innere Stimme.

Entsprechender Edelstein: Diamant

Chocolate-Orchid
Stanhorpea wardii

Diese Orchidee verdient zu Recht ihren Namen, denn ihr Parfüm riecht süßlich nach feinster Schokolade. Aus den verdickten Sprossen entspringend, ragen die einzelnen Blätter nach oben. Die wenigen an der Rispe hängenden Blüten sind bräunlich–beige gefärbt und sehr komplex strukturiert.

Die Essenz der Chocolate-Orchid
Ihre weit geöffnete Form der Blüte, die den feinen Schokoladenduft verbreitet, lehrt uns, daß auch das spirituelle Leben etwas Süßes ist und einen Genuß bedeutet. Sie spricht diejenigen an, die denken, daß Spiritualität etwas ausschließlich Ernstes sei und dabei zur Verbitterung neigen. Alles im Leben ist ein Genuß, wenn wir es uns gedanklich so kreieren! Diese Blütenessenz eignet sich zum Beispiel für jene Makrobiotiker, die meinen, alles müsse exakt geregelt sein; sie sind mit sich sehr streng und haben dabei dann ein recht abgemagertes, trauriges Gesicht.

Diese Orchidee hilft uns, uns mit der geistigen Welt zu verbinden und wirklich zu wissen, was gut für uns ist und was nicht. Sie hilft uns, zu verstehen, daß alles im Leben seinen berechtigten Platz hat und wir uns nicht selbst einschränken sollen.

Affirmationen: Ich liebe mich. Ich genieße mein Hier und Jetzt.

Entsprechender Edelstein: Zitrin

Colour-Orchid
Oncidium lanceanum

Diese auf den Bäumen wachsende Orchidee hat längliche, schwertförmige Blätter. Die Blüten erscheinen in großer Anzahl an langen, lockeren Rispen. Die kleinen Blüten haben die Form von kleinen, bunten Engeln mit bräunlichen Flügeln, einem gelben Gesicht, weißem Kleid und einem lilafarbenen Lichtkranz um den Kopf.

Die Essenz der Colour-Orchid
Wenn man die Orchidee betrachtet, sieht man, wie sie, aus einem tristen Hintergrund kommend (hell- bis dunkelbraun), zu den Farben des Lebens aufsteigt (weiß, lila, gelb), die in den Vordergrund treten. Man könnte sie auch als die Orchidee des Aufstiegs der Gedanken nennen. Sie spricht tendenziell traurige Menschen an, die meinen, daß das Leben für sie einfach grau und trostlos sei. Diese Orchidee läßt uns erkennen, daß es unsere *Gedanken* sind, die unsere Welt bunt oder grau erscheinen lassen, und daß es zu unserer Lebensaufgabe gehört, glücklich und wir selbst zu sein. Auch die geistige Welt möchte nicht, daß wir uns traurig fühlen, sondern daß wir völlig eins in der Freude des Lebens sind. Wir lernen, Farbe in unser Leben zu bringen. Wir lernen, die Liebe zu erkennen, die die Erde uns schenkt, und lernen auch, unsere Freude und Liebe zu schenken.

Loslassen können von den grauen Gedanken und uns für das Leben und die Liebe zu öffnen, ist die Haupteigenschaft dieser Orchidee.

Affirmationen: Ich erkenne die Liebe, die die Erde mir schenkt. Ich lasse den Regenbogen meiner Freuden und Gefühle aufleuchten.

Entsprechender Edelstein: Topas

Coordination-Orchid
Cymbidium Lowianum

Die Cymbidien gehören zu den bekanntesten Orchideen, die auch wegen ihrer blütenreichen Rispen als dekorative Pflanzen sehr beliebt sind. Die Blätter sind lang und schwertartig. Die Blüten erscheinen meist im Winter in grünlichen, gelben, weißen und roten Farbkombinationen.

Die Essenz der Coordination-Orchid
Diese Orchidee verbindet uns mit dem elften Chakra, dem Zentrum der Koordination und Organisation der Körperstruktur. Jeder Zellkern unseres Körpers steht mit ihm in Kontakt und somit auch mit dem Kosmos. Er repräsentiert die Verwaltungsstelle der kosmischen Form und ihrer Bildungsgesetze.

Krankhafte Formveränderungen können ihre Ursachen auch auf genetischer Ebene haben. Diese Orchidee hilft uns, die heilende Informationsenergie des zehnten Chakras in uns einfließen zu lassen. Es handelt sich bei dieser Essenz um eine gewaltige Energie, die stark auf dem Herzen und dem vorderen Gehirnzentrum zu spüren ist.

Affirmationen: In jeder Zelle meines Körpers drückt sich mein Bewußtsein aus. Wie innen, so außen. Ich heile mich selbst.

Entsprechender Edelstein: Wassermelonen-Turmalin

Deva-Orchid
Epidendrum prismatocapum

Diese Orchidee ist an ihrem wurzelartigen Wachstum und an den spiralförmig angereihten, länglichen, abgerundeten Blättern zu erkennen. Die Blüten erscheinen in großer Anzahl am senkrecht wachsenden Blütenschaft, an dem auch die Blätter spiralförmig angereiht sind. Die Blüten haben die Form von grünen Engeln mit einer weißen Haube.

Die Essenz der Deva-Orchid
Diese Orchidee bringt uns in Kontakt mit den Naturenergien der verschiedenen Elemente auf feinstofflicher Ebene. Sie öffnet unser Bewußtsein für die Erfahrung der Kommunikation mit den Devas und Feen der Blumen und Bäume, den Elementarkräften des Mineralreichs sowie den Sylphen der Gewässer.

Diese Orchideenessenz macht uns empfänglich, öffnet uns und erleichtert uns so ihre Wahrnehmung. Sie hilft uns, die Mauern einstürzen zu lassen, die uns von der Welt der Naturkräfte trennen.

Affirmation: Ich öffne mein Herz für die Botschaft der Blumen.

Entsprechender Edelstein: Amazonit

Füllhorn-Cattleya (Horn of Plenty-Orchid)
Cattleya warcsewiczii

Die Cattleya warcsewiczii hat, wie andere Cattleyaarten auch, ein typisch geformtes zentrales Blütenblatt, das wie ein geschwungenes Füllhorn aussieht.

Die Essenz der Füllhorn-Cattleya
Die Füllhorn-Cattleya stellt die Verbindung zwischen dem Kosmos und der Erde dar und läßt uns die All-Liebe des Universums erfahren. Wir empfangen die ganze Liebe des Universums, lassen sie durch uns hindurchfließen und geben sie an die Erde weiter. Wir spüren dabei eine Stimulation unserer Füße und nehmen Kontakt mit der Erde auf. Diese Orchideenessenz stellt die Verbindung *Himmel – Mensch – Erde* her. Wir lernen, daß alles Materielle genauso wie die kosmische Liebe im Überfluß vorhanden ist und daß es keine Grenzen gibt. Wir lernen, wie ein Füllhorn zu werden, zu geben und zu empfangen. Genauso lernen wir, alle Geschenke des Universums bewußt entgegenzunehmen und diese Liebe an unsere Erde weiterzuleiten.

Affirmation: Die Liebe des Universums fließt durch mich hindurch zur Erde.

Entsprechender Edelstein: Hämatit

Fun-Orchid
Vandas tricolor

Diese Orchidee besitzt gleichständige, übereinander wachsende, längliche Blätter und wird bis zu anderthalb Meter hoch. Die Blüten erscheinen rispenartig aus den Blattachseln der oberen Blätter. Die Blüten sehen kleinen, vergnügten Engeln gleich.

Die Essenz der Fun-Orchid

Mit den Engeln zu tanzen ist ein Vergnügen. Diese Essenz steigert unseren Humor und unsere Lebensfreude. Sie macht uns leicht und lustig. Sie stimuliert unser zehntes Chakra und hilft uns, in Sphären aufzusteigen, wo wir unsere Probleme aus anderer Sicht betrachten und vergnügt sein können.

Diese Orchideenessenz eignet sich für traurige, depressive Menschen, um sich innerlich zu entkrampfen. Sie läßt das Kind in uns wieder wach werden und hilft uns, heiter und entspannt zu sein.

Affirmationen: Meine Lebensfreude macht mich leicht. Ich lache mit den Engeln.

Entsprechender Edelstein: Olivin (Peridot, Chrysolith)

Heart-Orchid
Lealiocattleya Hybr.

Die Lealiocattleyas kommen hauptsächlich im brasilianischen Teil des Amazonas vor; sie haben im Laufe der Zeit
eine große Anzahl von Variationen hervorgebracht.

Die Essenz der Heart-Orchid
Diese Orchideenessenz befähigt uns, unsere Energien zu stei-
gern. Die egoistischen Emotionen, die sich auf dem Niveau
des Solarplexus befinden, werden transformiert und fließen
in Liebe zum Herzzentrum. Wir lernen, egoistische Emotionen in Liebe umzuwandeln und mit der Spiritualität zu verbinden. Mit dem Herzen zu sehen und unsere Aktionen der
Liebe in Gleichklang mit der geistigen Welt zu bringen, sind
die Haupteigenschaften dieser Blütenessenz.

Affirmation: Ich öffne mein Herz der unendlichen Liebe.

Entsprechender Edelstein: Rosenquarz

Higher Self-Orchid (Canal-Orchid)
Laeliocattleya anceps clara

Diese im brasilianischen Amazonasgebiet anzutreffende Orchidee ist meist zweiblättrig und wächst aus einem Schaft heraus, aus dem auch der bis zu einem Meter hohe Blütenstiel entspringt, an dessen Spitze die Blüten angereiht sind. Die verwendete Orchidee ist hell-lilafarben mit gelbem Zentrum.

Die Essenz der Higher Self-Orchid
verbindet uns mit unserem höheren Selbst. Sie fördert unsere Fähigkeit, als Übermittler zu fungieren. Sie reinigt und öffnet unsere höheren Chakras und befähigt uns damit, die kosmische Liebe zu empfangen und durch uns fließen zu lassen. Sie stimuliert uns, unsere Perspektive zu erweitern. Sie fördert auch unsere Fähigkeit, mit der geistigen Welt in Kontakt zu treten.

Affirmationen: Ich bin der Ausdruck meines höheren Selbst. Ich bin offen und weite meinen Blick.

Entsprechender Edelstein: Bergkristall

Inspiration-Orchid
Cattleya trianae

Cattleya trianae ist eine der bekanntesten Cattleyaorchideen.
Es gibt Arten in verschiedener Farbe. Die verwendete Cattleya ist dunkellila mit gelbem Zentrum. *Cattleya trianae* ist die Wappenblume von Kolumbien.

Die Essenz der Inspiration-Orchid
Die Haupteigenschaft dieser Orchideenessenz ist die Transformation von Aggressionsenergien in Inspiration. Wir könnten sie als die Iris unter den Orchideen bezeichnen, nur ist ihre Aktion höher. Sie stimuliert unsere höheren Chakras und verbindet uns damit direkt mit der Quelle. Wir treten in Kommunikation mit der geistigen Ebene und können diese Erfahrung über unsere Kreativität bis in die physische Welt hineintragen. Sie gibt uns die Inspiration für das künstlerische Schaffen im neuen Zeitalter.

Die Reinigung der höheren Chakras und die Stimulation unseres Dritten Auges sind weitere Wirkungen dieser Orchideenessenz. Sie hilft uns auch, mit unseren geistigen Führern in Kontakt zu treten, deren Botschaften anzunehmen und zu verstehen und schließlich auf der Ebene der physischen Welt umzusetzen. Wir lernen, in Kommunikation und Harmonie mit der geistigen Welt zu leben und zu arbeiten.

Affirmation: Ich verbinde mich mit der göttlichen Liebe und empfange.

Entsprechender Edelstein: Mondstein

Love-Orchid
Oncidium abortivum

Diese ausschließlich auf Bäumen wachsende Orchidee gehört zu den bekanntesten Oncidien. Ihre Blätter sind länglich angeordnet. Die feinen gelben Blüten entspringen in großer Anzahl in langen Rispen aus den Blattachsen. Die Blüten haben die Form von kleinen Engeln mit einem dreieckigen Hut und einem besonders markierten Herzchakra.

Die Essenz der Love-Orchid
Man könnte diese Orchidee auch die Heiler-Orchidee nennen. Sie repräsentiert pure Liebe. Sie öffnet unser Herzchakra ganz weit und läßt die reine Liebesenergie ausströmen. Wir werden zu einem Kanal der kosmischen Liebe, die durch uns hindurchströmt und auf andere weitergeleitet werden kann.

Sie spricht diejenigen an, die das Herzzentrum öffnen und pure Liebe aussenden wollen.

Sie ist für Heiler, die ihre Arbeit verbessern und zum direkten Kanal kosmischer Heil- und Liebesenergie werden wollen.

Affirmationen: Ich lasse die Liebe durch mich strömen. Ich werde heil und heile.

Entsprechender Edelstein: rosa Turmalin (Rubellit)

Past Life-Orchid
Paphiopdilium harrysianum

Diese Orchidee hat fächerartig angeordnete, längliche, abgerundete Blätter, aus deren Zentrum der einzelne Blütenstiel entspringt. Bei der Herstellung dieser Blütenessenz wurden die sich gerade leicht öffnenden Knospen verwendet, die wie ein großer Hohlkörper mit einer kleinen schwarzen Öffnung aussehen.

Die Essenz der Past Life-Orchid
Diese Knospe bringt uns in Verbindung mit anderen Bewußtseinszuständen. Wir steigen hinab in die dunkle Vergangenheit und kontaktieren den Raum in uns, in dem alle Erinnerungen und alles Wissen gespeichert sind. Von hier aus können wir die Erfahrung vergangener Leben abrufen, uns selbst erforschen und mit dem Wissen in Kontakt treten.
  Diese Orchideenessenz empfiehlt sich für diejenigen, die Reinkarnationsarbeit machen wollen, um sie auf diesen Reisen zu begleiten.

Affirmation: Alles Wissen ist in mir und weist mir den Weg.

Entsprechender Edelstein: Rauchquarz

Psycho-Orchid
Paphiopedilum insigne

Die Paphiopedilen gehören zu den bekanntesten Vertretern der Orchideen. Die länglichen, abgerundeten Blätter bringen vereinzelte Blüten hervor, die sich durch die charakteristische Form des tiefen, zentralen Blütenblatts auszeichnen.

Die Essenz der Psycho-Orchid
Die Tiefe des zentralen Blütenblatts symbolisiert, wie tief uns diese Essenz in unser Inneres vordringen läßt. Wer sind wir wirklich? Was ist unsere Aufgabe? Tief in unserem Inneren finden wir die Antwort auf unsere Fragen. Diese Blüte hilft uns, uns selbst zu finden, zu erkennen und anzunehmen.

Sie ist die geeignete Begleitpflanze für jede Psychotherapie. Uns selbst zu erkennen und unser Bewußtsein mit diesem Wissen zu verknüpfen, ist die Hauptbotschaft dieser Blüte.

Affirmationen: Ich bin. Ich bin eingebettet in den göttlichen Plan. Ich bin.

Entsprechender Edelstein: Amethyst

Sun-Orchid
Cymbidium

Diese Orchidee ist eine auf den Berggipfeln von Chingaza vorkommende Art, die zwanzig bis fünfunddreißig Zentimeter hoch wird und ganz senkrecht aus dem Boden wächst.

Die Essenz der Sun-Orchid
Die Verbindung, die diese Orchidee mit der Erde hat, entspricht in unserem Körper dem Solarplexus. Wir lernen, genauso aufrecht zu sein wie die Position der senkrecht stehenden Orchidee. Sie bringt unser Ego ins Gleichgewicht und öffnet unseren Solarplexus, indem sie ihn mit der Sonne verbindet. Diese Orchideenessenz hilft uns, wenn unser Ego wieder in Harmonie mit den kosmischen Gesetzen gebracht werden muß. Wir verbinden dann unseren Solarplexus mit den höheren Chakras und öffnen uns damit für die Aufnahme der kosmischen Sonne in uns.

Harmonisierung unseres Egoismus und Öffnung sind die Haupteigenschaften dieser Orchideenessenz.

Affirmationen: Die Sonne ist in mir. Der Kosmos und ich sind eins.

Entsprechender Edelstein: Rutilquarz

Venus-Orchid
Anguloa cliftonii

Aus der kleinen, gedrungenen Knospe bilden sich fächerartige, lange, lineare Blätter. Die Pflanze wird bis zu einem halben Meter hoch. Die Blüten erscheinen einzeln oder zu zweit am unteren Blattansatz und sind gelb und manchmal weiß. Die Form der Blüte ähnelt dem weiblichen Geschlechtsorgan.

Die Essenz der Venus-Orchid
Diese Orchidee entspricht der Energie von Venus und Mond. Auf feinstofflicher Ebene tauchen wir in die Weiblichkeit ein. Sie stimuliert die Fruchtbarkeit und das Yin unseres Seins. Eigenschaften wie Zuhören, Verständnis, Sanftheit und Liebe werden von dieser Orchideenessenz gefördert. Vermischt mit einer Creme ist diese Essenz sehr sanft, harmonisierend, aber auch vitalisierend für unsere Haut.

Affirmationen: Ich lasse meine Weiblichkeit zu. Ich bin Sanftmut und Liebe.

Entsprechender Edelstein: Smaragd

Victoria Regia
Victoria amazonica

Victoria Regia gehört zu den *Nenumpheaces* und ist die größte auf der Welt vorkommende Seerosenart, deren auf dem Wasser schwimmenden Blätter einen Durchmesser bis zu mehr als zwei Metern erreichen können. Wir treffen sie in flachen Seen und in den Lagunen des Amazonas an. Die Blüten sind, im Vergleich zu den imposanten Blättern, mit zwanzig bis dreißig Zentimetern eher klein und von weißer Farbe. Sie schwimmen direkt auf dem Wasser.

Die Essenz der Victoria Regia
Die Blütenessenz der Victoria Regia ist sehr energievoll und deshalb den Orchideenessenzen ähnlich. Die weiße, lotus-ähnliche Blüte birgt in sich eine gewaltige Energie, die sich physiologisch in den gigantischen Blättern widerspiegelt. Ihre Energie steigert unsere körpereigene Energie. Sie steht in Verbindung zur Kundalini-Energie und bringt diese zum Aufstieg. Einige Ärzte haben auch festgestellt, daß im Sterben liegende Patienten nach dem Verabreichen dieser Blütenessenz leichter ihre körpereigenen Schwingungen dem Sterbeprozeß anpassen können und bewußter sind.

Affirmationen: Meine Energien fließen frei und leicht. Ich vertraue und lasse geschehen.

Entsprechender Edelstein: Rubin

Das Zentrum der Erde

Der Amazonas durchfließt auf fünftausend Kilometer Strom-länge den südamerikanischen Kontinent parallel zum Äqua-tor. Seine Wasseroberfläche beträgt sieben Millionen Qua-dratkilometer. Mit seinen vielen Nebenarmen und Zuflüssen sieht er aus wie ein gewaltiger Lebensbaum, der die beiden Hemisphären unseres Planeten vereinigt.

Betrachten wir den Aufbau des menschlichen Körpers, so stellen wir fest, daß wir aus zwei spiegelgleichen Seiten beste-hen und unsere Mittelachse wie eine Spiegellinie entlang der Wirbelsäule verläuft. Vergleichen wir den energetischen Auf-bau des Menschen, so sehen wir, daß sich auch unsere sieben Körperchakras auf einer Linie befinden (die fünf höheren Chakras auf einer Verlängerung dieser Zentralachse über den Kopf hinausgehend). Das erste Chakra bildet einen trich-terförmigen Einstieg. Entlang der Wirbelsäule steigt die Energie dann empor, bis Sie über das Scheitelchakra hinaus zu den höheren Chakras gelangt, die einen großen Trichter über dem Kopf bilden.

Betrachten wir den Aufbau unseres Planeten Erde, so se-hen wir auch hier wieder diese Aufteilung in zwei Hälften. Vom Äquator ausgehend, der die Spiegelachse unseres Plane-ten darstellt, schließen sich sowohl nach Norden als auch nach Süden die Klimazonen – Savannen, Steppen und so fort – an. Wir finden erneut die Bedeutung der Zentralachse als Schiene, auf der sich die energetischen Zentren befinden. So

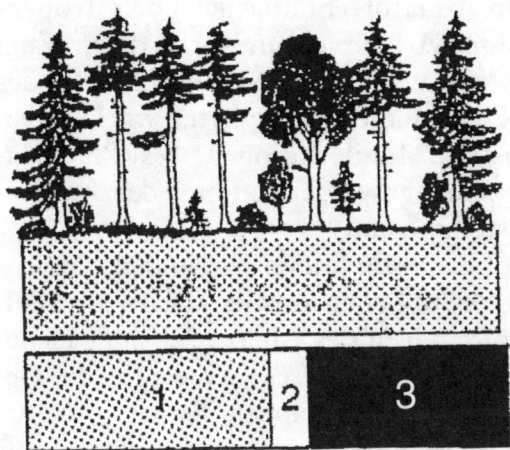

Gemäßigte Zonen:
Wegen der Winterkälte wird nur ein Teil der organischen Abfallprodukte (Blätter etc.) zu Mineralstoffen abgebaut. Eine nur teilweise abgebaute Substanz – der Erdboden – bleibt als Nährsubstanz-Reservoir erhalten

1: Erde
2: Tote Pflanzen
3: Lebende Pflanzen

Tropischer Regenwald:
Organische Abfallprodukte werden in kurzer Zeit abgebaut. Der Boden behält nur einen geringen Teil davon zurück. Rund 90 Prozent der Nährstoffvorräte sind in der lebenden Pflanzenmasse gespeichert.

1: Erde
2: Tote Pflanzen
3: Lebende Pflanzen

Abdruck erfolgte mit freundlicher Genehmigung des BUND.

gibt es in den sich am Äquator entlangziehenden Tropen-regenwäldern den größten Artenreichtum sowie die größten Lagerstätten der Edelsteine als höchste Manifestationen des Mineralreichs. Nur hier leben die als Epiphyten wachsenden Orchideen, die höchsten Manifestationen des Pflanzen-reichs. Unter den Tropenregenwäldern nimmt das Amazo-nasgebiet eine Sonderstellung ein:

Nirgendwo sonst auf der Erde finden wir so dicht neben-einander so hochentwickelte Lebensformen wie es die Edel-steine, Delphine und Orchideen des Amazonas sind. Heute erst beginnen wir, die Bedeutung dieses Gebiets für die Ge-sundheit der Menschen und des ganzen Planeten zu er-kennen. Aufgrund dieser Besonderheit können wir das Ama-zonasgebiet als das energetisch wichtigste Gebiet, als das Zentrum der Erde bezeichnen. Der Amazonaswald als der größte noch bestehende tropische Regenwald ist daher wohl das Herzchakra, die Herz- und Lungenregion unseres Planeten.

Doch das Zentrum der Erde ist krank. Die tropischen Regenwälder sind ungemein komplexe und hochspeziali-sierte Gebilde, die auch sehr störungsanfällig sind. So haben wir gesehen, daß der Boden zumeist nur aus einer acht Zenti-meter tiefen Humusschicht besteht. Die Baumriesen haben so gut wie keine im Boden verankerten Wurzeln, sondern stützen sich auf ihre stelzenartigen Wurzeln.

Das Leben am Amazonas gerät in immer größere Be-drängnis. Durch den Egoismus, die Profitgier und die Zerstö-rungswut der Menschen wird jedes Jahr eine Fläche so groß wie Deutschland abgeholzt, verbrannt und zerstört. Der Bo-den wird dann ungeschützt der Glut der Sonne ausgesetzt und in kurzer Zeit durch die Erosion in eine Wüste umge-wandelt.

Der Amazonaswald braucht unsere Hilfe!

Die Natur hat immer weniger Raum, um das energetische Gleichgewicht unseres Planeten – und somit auch das unsere – aufrechtzuerhalten! Auch wir besitzen feine Körper, die uns mit dem gesamten Planeten verbinden. Erkrankt dieser, so geht es uns ebenfalls nicht gut. Wir sind ein Teil des Ganzen und müssen lernen, danach zu handeln.

Heilmeditation

Nehmen wir Kontakt auf mit dem Zentrum der Welt. Visualisieren wir das Amazonasgebiet.

Wir richten nun unsere Aufmerksamkeit auf die Edelsteine und Kristalle, die hier unter den Wurzeln der Bäume im Boden liegen. Wir setzen uns in Verbindung mit den Hütern der Edelsteine. Wir bitten sie, ein lilafarbenes heilendes Licht auszuschicken. Wir stellen uns die glänzenden Edelsteine vor und sehen, wie sie ein amethystfarbenes Licht ausstrahlen. Wir sehen, wie sich dieses Licht immer weiter im Boden ausbreitet, wie es immer höher steigt und die Wurzeln der Bäume erreicht. Wir bitten nun die Wurzeln der Bäume, zu wachsen. Wir sehen, wie sie zu wachsen beginnen, sich stärken und fest im Boden verankern.

Sehen wir nun, wie das lilafarbene Licht weiter aufsteigt, die Bäume in ein Licht des Schutzes einhüllt. Jetzt erreicht es die Orchideen, die oben auf den Bäumen sitzen. Wir visualisieren jetzt die wunderbaren Orchideen mit ihren prächtigen Blüten. Wir sehen, wie sie hier zwischen dem Kosmos und der Erde auf den Ästen der Bäume sitzen. Wir setzen uns in Verbindung mit den Engeln der Orchideen. Wir bitten sie, ihr Licht auszuschicken und sehen rosafarbenes Licht durch die

Orchideen vom Kosmos auf die Erde fließen. Wir sehen, wie sich das rosafarbene Licht der Liebe immer weiter ausbreitet. Jetzt vereinigt es sich mit dem violetten Licht der Edelsteine und fließt immer weiter und weiter.

Das amethystfarbene und rosafarbene Licht erreicht nun den Amazonas und legt sich auf seine Wasseroberfläche. Es kommt nun zu seinen schönsten Bewohnern, den Delphinen. Wir spüren die Freude ihrer Sprünge durch das Wasser, und ihr Pfeifen weckt die Verbundenheit allen Lebens auf der Erde. Danken wir ihnen für ihre heilende Kraft.

Nun lassen wir das Licht sich immer weiter ausbreiten, hin zu den Menschen, die dort leben. Wir sehen, wie das Licht den Waldrand erreicht und heilt. Nun türmt sich das Licht wie eine große Glasmauer des Schutzes um den Wald herum auf. Sie steigt immer höher und versiegelt den Amazonaswald und seine Einwohner unter einer großen Schutzglocke des Lichts. Der ganze Amazonas ist nun in Licht getaucht.

Nun breitet sich das Licht nach allen Seiten immer weiter aus. Es bedeckt ganz Südamerika, breitet sich über die Ozeane aus, erreicht Afrika, Nordamerika und Hinterasien. Immer weiter breitet sich das Licht aus, bis es schließlich die ganze Erdoberfläche bedeckt. Wir sehen die ganze Erde in ein lila und rosafarbenes Licht getaucht, ein Licht der Reinigung und der Liebe. Nun schicken wir dieses Licht zu allen Punkten der Erde, die Hilfe benötigen. Hin zu den Städten, den Menschen, dem Meer und allen Lebewesen, die Hilfe benötigen. Die ganze Erde ist im Licht. Nun schicken wir dieses Licht wieder zurück in den Amazonas, zurück zu den Orchideen und Edelsteinen und danken den Hütern der Edelsteine und den Engeln der Orchideen mit einer gewaltigen Vibration der Liebe.   Iuuu

Diese Meditation kann durch die Einnahme der Amazonas-Flußessenz und der Edelsteinessenz des Amethyst verstärkt werden.

Anhang

Edelstein-Orchideen-Cremes

Zur Unterstützung der inneren Anwendung kann man eine entsprechende Edelstein-Orchideen-Creme herstellen. Grundsätzlich werden die Cremes auf die Fußsohlen aufgetragen. Auf diese Weise versorgen die dortigen Reflexzonen alle Organe und Chakras sowie den feinstofflichen Bereich mit den gewünschten Energien. Man kann sie auch direkt auf die entsprechenden Chakras, Lymphbereiche oder speziellen Punkte, wie im Rezept angegeben, auftragen.

Grundausstattung zur Herstellung der Cremes

Eine kleine Waage mit Grammeinteilung
Ein Thermometer bis 100 Grad Celsius
Ein Meßbecher zum Abmessen von Flüssigkeiten
Ein kleines Flüssigkeitsmaß mit Skala ab 1 ml
Ein schmales Jenaer-Glas-Gefäß, das man ins
    Wasserbad stellen kann
Ein Glasrührstab oder ein glatter Kochlöffel
Ein kleiner Topf zur Wassererhitzung
Ein elektrischer Handrührer mit zwei Quirlen oder
    das Rührwerk einer Küchenmaschine
Ein Gummischaber zum Einfüllen der Cremes in die

Dosen, möglichst aus Glas, mit mindestens 30 bis 50 ml Fassungsvermögen

Zutaten und Tips

Die Zutaten sind in Apotheken oder speziellen Läden zur Herstellung von Pflegeprodukten erhältlich. Es ist ratsam, nur beste Qualität zu verwenden, also auf entsprechende Reinheit und möglichst wenig Eigengeruch der Zutaten zu achten. Dieses gilt besonders für Lanolin. Bienenwachs sollte »natur«, also gelb sein. Da keine Konservierungsstoffe verwendet werden, stellt man kleinere Mengen her und bewahrt sie im Kühlschrank auf. Durch Jojoba und Erdnußöl wird die Creme stabiler, aber man sollte sie nicht länger als vier bis sechs Wochen aufbewahren.

Öle

Jojoba ist ein flüssiges Wachs. Es ist reich an Hautschutzvitamin und gilt als besonders hautfreundlich.

Erdnußöl ist ein lange haltbares Öl, reich an Vitamin E und F. Es eignet sich besonders gut zur Massage und stärkt die Vitalität.

Sonstige Zutaten

Bienenwachs sollte leicht nach Honig duften und naturgelb sein.

Kakaobutter hat einen angenehmen Duft und sollte geraspelt gekauft werden. Kühl lagern!

Lanolin und *Wollwachsalkohole* sind Wollfette und haben besonders gute Pflegeeigenschaften. Lanolinanhydrit sollte gelblich sein und von bester Qualität; dadurch ist es weniger aufdringlich im Geruch. Wollwachsalkohole sind hart und sollten am besten geraspelt sein.

124

Aloeextrakt 1 : 1 ist ein Auszug der Blätter der Aloepflanze. Aloe wirkt im feinstofflichen Bereich unterstützend und reinigend; im körperlichen Bereich schützt Aloe vor aggressiven Strahlungen, beugt Hautirritationen vor und ist eine wertvolle Hilfe bei Hautschäden. Aloe hat eine kräftige Heilwirkung.

Orangenblütenöl ist ein ätherisches Öl und sollte von bester Qualität sein. Es hat beruhigende Wirkung und wird selbst von überempfindlichen Menschen gut vertragen.

Bergkristallwasser ist ein wesentlicher Bestandteil der Cremes. Der Bergkristall mit seinen universellen Eigenschaften eignet sich besonders zur Herstellung eines energetischen Wassers, das feinstofflich mit Kieselsäure angereichert ist. Kieselsäure reinigt den Körper und hat eine heilende Wirkung. Sie stabilisiert den feinstofflichen Körper.

Herstellung von Bergkristallwasser

Man legt eine Bergkristallspitze in eine Vorratsflasche mit destilliertem Wasser. Nach frühestens vierundzwanzig Stunden ist das Wasser verwendbar. Die Spitze kann auch im Wasser verbleiben.

Creme-Grundrezept

4 g	Bienenwachs, ungebleicht
4 g	Kakaobutter
4 g	Wollwachsalkohole oder Emulsan
½	Teelöffel Lanolinanhydrit, pestizidfrei
15 ml	Jojoba
15 ml	Erdnußöl
45 ml	Bergkristallwasser

5 ml	Aloe-Extrakt 1 : 1
3	Tropfen Orangenblütenöl
4	Tropfen Orchideenessenz
2	Tropfen Edelsteinessenz

Bienenwachs, Kakaobutter, Wollwachsalkohole und Lanolin im Wasserbad schmelzen. Die Öle hinzufügen und alles auf 60 Grad erwärmen. Im gesonderten Topf (kein Aluminium!) das Bergkristallwasser zusammen mit dem Aloeextrakt auf 60 Grad erwärmen. Beides vom Feuer nehmen. Das Wasser in die heiße Fettlösung mit dem Rührgerät einrühren und nach drei Minuten die Essenzen hinzufügen, *ohne den Rührvorgang zu unterbrechen*. Alles zusammen weiterrühren, bis die Masse abgekühlt und cremig geworden ist. In vorbereitete, mit Alkohol desinfizierte Dosen einfüllen. Die Menge ergibt etwa zwei Döschen à 50 ml. Die frisch hergestellten Cremes läßt man in den offenen Dosen zum Abkühlen stehen.

Verschiedene Cremekombinationen

Bei den nachfolgenden Cremes gibt der Name Aufschluß über die zu verwendende Mischung von Edelstein- und Orchideenessenzen. Das erste Wort nennt den Edelstein, das zweite die Orchidee.

Smaragd-Venus-Creme
Stimulation der weiblichen Aspekte. Verständnis, Sanftheit. Anregung der Haut. Als Gesichts- oder Halscreme anzuwenden oder in die Reflexzonen im Ohr und beide Armbeugen einmassieren.

Rauchquarz-Past-Life-Creme
Reflexzonencreme zur Unterstützung der Reinkarnationsarbeit. Für die Meditation zur Selbsterkenntnis am Dritten Auge auftragen. Geeignet zur Metamorphosemassage. Lokal anzuwenden auf Fuß- und Handreflexzonen.

Schwarzer-Turmalin-Schutzengel-Creme
Als Schutz gegen negative Schwingungen. Zur meditativen Verbindung mit dem Schutzengel. Auf Fußreflexzonen und im Nabelbereich auftragen.

Olivin-Fun-Creme
Bei Depressionen, zur Entspannung und bei Sorgen. Aufzutragen auf Reflexzonen im Ohr, Fußreflexzonen, Armbeugen und Gesicht.

Rutilquarz-Sun-Creme
Zur Harmonisierung der Chakras. Aufzutragen im Nabelbereich, auf Fußreflexzonen und blockierte Energiezentren.

Wassermelonen-Turmalin-Coordination-Creme
Bei Zell- und Hautveränderungen. Zur Unterstützung der Zellbildung. Anwendung auf Reflexzonen im Gesicht sowie auf Fußsohlen und Armbeugen. Bei Hautveränderungen lokal auf die betroffenen Stellen auftragen.

Aquamarin-Amazonas-Creme
Zur Lösung von Blockaden auf die entsprechenden Zonen auftragen. Bei Verspannungen im Nacken- und Wirbelsäulenbereich direkt auftragen.

Schlüsselworte zu den Orchideenessenzen

Aggressionen (ungelebte) – Aggression-Orchid

Bewußtsein – Angel-Orchid, Amazonas-Flußpräparat, Angel of Protection Orchid, Psycho-Orchid, Past Life-Orchid

Blockaden – Amazonas-Flußpräparat, Victoria Regia, Aggression-Orchid, Sun-Orchid

Ego – Sun-Orchid, Heart-Orchid

Eigenliebe – Chocolate-Orchid

Empfangen – Füllhorn-Cattleya, Chocolate-Orchid, Channeling-Orchid

Energie – Amazonas-Flußpräparat, Sun-Orchid

Erdung – Amazonas-Flußpräparat, Füllhorn-Cattleya

Frausein – Venus-Orchid, Love-Orchid

Fröhlichkeit – Angel-Orchid, Fun-Orchid, Colour-Orchid

Geben – Füllhorn-Cattleya, Love-Orchid

Geborgenheit – Angel-Orchid, Angel of Protection-Orchid

Höheres Selbst – Higher Self-Orchid, Channeling-Orchid

Hören – Deva-Orchid, Channeling-Orchid

Kanal sein – Higher Self-Orchid, Love-Orchid, Deva-Orchid, Channeling-Orchid

Kinder – Venus-Orchid

Kundalini – Victoria Regia

Lebensenergie – Amazonas-Flußpräparat, Colour-Orchid, Victoria Regia

Liebe – Heart-Orchid, Love-Orchid, Chocolate-Orchid

Massage – Victoria Regia, Love-Orchid, Venus-Orchid

Mediale Fähigkeiten – Higher Self Orchid, Deva-Orchid, Channeling-Orchid

Psychoanalyse – Psycho-Orchid, Past Life Orchid

Reinkarnationsarbeit – Past Life Orchid

Schutz – Angel of Protection-Orchid
Sehen – Love-Orchid, Higher Self-Orchid, Deva-Orchid
Selbsterkenntnis – Psycho-Orchid, Past Life-Orchid
Sexualität – Aggression-Orchid, Love-Orchid
Sterbebegleitung – Victoria Regia
Transformation – Sun-Orchid, Heart-Orchid, Coordination-Orchid, Victoria Regia
Zellbewußtsein – Coordination-Orchid

Aggression-Orchid: Loslassen, Aggression, Sexualität, Integration
Amazonas-Flußpräparat: Erdverbundenheit, Energiefluß
Angel-Orchid: Kommunikation, Bewußtseinssteigerung
Angel of Protection-Orchid: Schutzbedürfnis, Vertrauen
Channeling-Orchid: Kommunikation, Integration
Chocolate-Orchid: Eigenliebe, Öffnung
Colour-Orchid: Lebensfreude, Bewußtseinssteigerung
Coordination-Orchid: Zellbewußtsein, Selbstheilungskraft
Deva-Orchid: Öffnung, Kommunikation
Füllhorn-Cattleya: Empfangen, Integrieren, Geben
Fun-Orchid: Heiterkeit, Gelassenheit
Heart-Orchid: Bewußtseins- und Energiesteigerung
Higher Self-Orchid: Bewußtseinssteigerung, Selbstergründung
Inspiration-Orchid: Kommunikation und Umsetzung
Love-Orchid: Herzöffnung und Heilung
Past Life-Orchid: Selbstergründung, Wissen
Psycho-Orchid: Selbstfindung, Psychoanalyse
Sun-Orchid: Energiesteigerung, Sonnenverbundenheit, Ego
Venus-Orchid: Zärtlichkeit, Frausein
Victoria Regia: Stimulation, Transformation

Anwendungsbereiche der Edelsteinessenzen

Edelsteinessenz	Organische Wirkung	Seelisch-geistiger Bezug
Amazonit	Nerven, Muskeln	Bewußtmachung, Naturverständnis, Ideenreichtum
Amethyst	Migräne, Nerven, Schlafregulierung	Intuition, Meditation, spirituelle Entwicklung
Aquamarin	Allergie, Stimmbänder, Sprache, Entgiftung der Leber, Nieren, Lymphe	Lösung von Blockaden im Kopf- und Halsbereich, Beruhigung der Gedanken, Licht für Aura und Körper
Bergkristall	Entgiftend, Haut, Haare, Knochenfunktion, Stimulierung Drüsen, Herz, Lunge	Mentale Ordnung, Intuition, Verbindung mit dem höheren Selbst, Licht, Schutz der Aura
Diamant	Blase, Nieren, Gleichgewichtsstörung, Thymusdrüse, Funktion des gesamten Körpers	Mentale Klarheit, Meditation, Bewußtmachung, kosmische Verbundenheit, Licht des gesamten Farbspektrums, Schutz vor Negativität
ElestialKristall	Galle, Konzentration	Entwicklung, Transformation, Auflösung von Wut, universelle Wahrheit, neue Erfahrung
Hämatit	Vitalität, Nieren, Blutbildung, Genesung	Mut zum Hier und Jetzt, Selbstvertrauen, Einklang mit sich selbst
Mondstein	Lymphe, Entgiftung des Körpers	Kreativität, Inspiration, Verständnis
Olivin	Herz, Solarplexus, Leber, Galle, Pankreas, Milz	Frohsinn, Freude, Heiterkeit
Rauchquarz	Unterleib, Nebennieren, Bauchspeicheldrüse, Muskeldegeneration, Nerven	Selbstverantwortung, Erkennen der Schattenseite und Lebensaufgabe, Erdverbundenheit

Rosenquarz	Herz, Nieren, Leber, Lunge, Geweberegeneration der Nieren, Kreislaufstörungen	Liebe, Öffnen des Herzchakras, Vertrauen, Nächstenliebe, Loslassen von Ängsten, Sorgen und Tränen, Sanftmut, Strahlenschutz
Rubin	Vitalität, Herz, Fortpflanzungsorgane	Selbst- und Nächstenliebe, Lösung von Emotionen
Rutilquarz	Schmerzlösend, Kräftigung der Schilddrüse, Lunge, Erkältung, Geweberegeneration, immunstärkend, Depression	Gehirnstimulation, Inspiration, Harmonie, Einklang der Chakras, Licht
Smaragd	Grippe, Magen, Gicht, Rheuma, Augen, Kopfschmerzen, Diabetes	Selbstheilungskräfte, Liebe, Weisheit, Entwicklung, Meditation, Verbindung zum höheren Selbst
Topas	Entgiftung des Körpers, nervenstärkend, Drüsen, Verdauung	Lebensfreude, Frohsinn
Turmalin blau	Schilddrüse, Lunge, Halsprobleme, Ausdruck, Sprache	Verbindung mit Engelenergien, Erkenntnis, Wissen
Turmalin rosa	Herzbeschwerden, Depression	Herzleid, Neubeginn, höheres Wissen, Selbstvertrauen
Turmalin schwarz	Strahlenschäden aller Art, Arthritis, Nebennierenstörungen, Legasthenie, Herzkrankheiten	Auflösung von Negativität, Schutz, Erdstrahlen
Wassermelonen-Turmalin	Zellwachstumsstörungen (Krebs), Stoffwechsel, Hormonstörungen	Aktivierung der Selbstheilungskräfte. Dieses Elixier sollte als Beigabe zu jedem anderen Elixier gegeben werden.
Zitrin	Pankreas, Diabetes, Leber, Galle, Milz, Verdauung, Konzentration, Ausgleich der Hirnhälften	Zärtlichkeit, Vertrauen

Zuordnung von Orchideen und Edelsteinen

Amazonit	– Deva-Orchid
Amethyst	– Psycho-Orchid
Aquamarin	– Amazonas-Flußpräparat
Bergkristall	– Higher Self-Orchid
Diamant	– Channeling-Orchid
Elestial-Kristall	– Aggression-Orchid
Hämatit	– Füllhorn-Cattleya
Mondstein	– Inspiration-Orchid
Olivin	– Fun-Orchid
Rauchquarz	– Past Life-Orchid
Rosenquarz	– Heart-Orchid
Rubin	– Victoria Regia
Rutilquarz	– Sun-Orchid
Smaragd	– Venus-Orchid
Topas	– Colour-Orchid
Turmalin blau	– Angel-Orchid
Turmalin rosa	– Love-Orchid
Turmalin schwarz	– Angel of Protection-Orchid
Wassermelonen-Turmalin	– Coordination-Orchid
Zitrin	– Chocolate-Orchid

Aggression-Orchid	– Elestial-Kristall
Amazonas-Flußpräparat	– Aquamarin
Angel-Orchid	– Turmalin blau
Angel of Protection-Orchid	– Turmalin schwarz
Channeling-Orchid	– Diamant
Chocolate-Orchid	– Zitrin
Colour-Orchid	– Topas
Coordination-Orchid	– Wassermelonen-Turmalin
Deva-Orchid	– Amazonit
Füllhorn-Cattleya	– Hämatit
Fun-Orchid	– Olivin
Heart-Orchid	– Rosenquarz
Higher Self-Orchid	– Bergkristall
Inspiration-Orchid	– Mondstein
Love-Orchid	– Turmalin rosa
Past Life-Orchid	– Rauchquarz
Psycho-Orchid	– Amethyst
Sun-Orchid	– Rutilquarz
Venus-Orchid	– Smaragd
Victoria Regia	– Rubin

Dr. med. Götz Blome

Das neue Bach-Blüten-Buch

ca. 350 Seiten, geb. ISBN 3-7626-0446-0

Erstmalig: Die psychologisch fundierte Analyse
Revolutionär: Die neuen Kombinationsmittel
Hilfreich: Das bisher umfangreichste Repertorium

Der Autor schlüsselt in seinem neuen Buch die psychologischen Zusammen-
hänge der einzelnen Mittel auf. Wie die Blütenessenzen besitzt auch jeder
Mensch seine individuelle psychische Struktur. Mit großer Einfühlsamkeit
charakterisiert der Autor die negativen und positiven Aspekte, die Anlagen
und Entwicklungsmöglichkeiten. Die klassischen 38 Blütenessenzen haben
das Fundament gelegt, werden aber oft der Komplexität der menschlichen
Psyche nicht gerecht. Durch gründliche Forschung hat Dr. Blome durch
Kombination dieser Mittel etwa einhundert neue Mittel zusammengestellt,
die eine wesentlich effektivere Therapie ermöglichen. Die neuen Mittel können wie bisher selbst hergestellt oder in der Apotheke bezogen werden.

Marcel Lavabre

Mit Düften heilen

Das praktische Handbuch der Aromatherapie

172 Seiten, kart. ISBN 3-7626-0444-4

Der Autor, anerkannter Spezialist auf dem Gebiet der Aromatherapie,
behandelt mit einzigartigem Einblick in die energetischen und spirituellen
Qualitäten der einzelnen Öle ihre Anwendungsmöglichkeiten und Wirkungsweisen. Er bringt den ganzen Reichtum seiner Erfahrung ein. Der
Leser findet ausführliche Informationen über Wirkung und chemische Zusammensetzung der Öle, zahlreiche Tabellen und einen Adressenanhang,
wodurch sich ein einzigartiges Nachschlagewerk ergibt. Eines der fundier-
testen und umfassendsten Handbücher zur modernen Aromatherapie.

Verlag Hermann Bauer · Freiburg im Breisgau

Die neuen Dimensionen
des Bewußtseins